Stefan Serret

Die GeldSchule

In 7 Schritten Ordnung in die Finanzen bringen
und ab sofort systematisch Vermögen aufbauen

M&E Books Verlag

Köln

Die GeldSchule
In 7 Schritten Ordnung in die Finanzen bringen und ab sofort systematisch Vermögen aufbauen
Stefan Serret
ISBN 978-3-947201-25-9 (Taschenbuch)
ISBN 978-3-947201-26-6 (Gebundene Ausgabe)
1. Auflage 2017
© 2017 by M&E Books Verlag GmbH, Köln

M&E Books Verlag GmbH
Thywissenstraße 2
51065 Köln
Telefon 0221 – 9865 6223
Telefax 0221 – 5609 0953
www.me-books.de
info@me-books.de
Steuer-Nr: 218/5725/1344
USt.-IdNr.: DE310782725
Geschäftsführer: Vu Dinh

Die Deutsche Nationalbibliothek verzeichnet diese Publikation in der Deutschen Nationalbibliographie. Detaillierte bibliographische Daten sind im Internet über http://dnb.de abrufbar.

INHALTSVERZEICHNIS

VORWORT

„Ich bin fast 18 und hab keine Ahnung von Steuern, Miete oder Versicherungen. Aber ich kann 'ne Gedichtsanalyse schreiben. In 4 Sprachen."
Naina Kümmel am 10. Januar 2015

Mit dieser Twitter-Nachricht hat sich nicht nur das Leben von Naina Kümmel geändert, sondern mit einem Schlag wurde im Januar 2015 der Focus der Öffentlichkeit darauf gelenkt, was unsere Gesellschaft unseren Kindern an Wissen vermittelt bzw. nicht vermittelt. In den Tagen danach erläuterte Naina Kümmel, dass sie sehr wohl der Meinung ist, dass in unseren Schulen gutes Fachwissen, eine gute Allgemeinbildung und soziale Kompetenzen vermittelt werden. Allerdings fehlten nach ihrer Meinung wichtige Themen, um Schüler auf das reale Leben vorzubereiten. So fehlt auch das Wissen über den praktischen und erfolgreichen Umgang mit Geld. In vielen Fällen wird diese Lücke auch im Elternhaus nicht geschlossen.

Das Statement der damals 17-jährigen Schülerin drückt das aus, was viele Studien und Umfragen bestätigen: **Deutschland ist in Sachen Finanzbildung ein Entwicklungsland!**

Die folgenden Fragen wurden weltweit vielen Menschen gestellt[1]:

1. Nimm an, Du hast 100 € auf einem Sparbuch mit einer Verzinsung von 2 % pro Jahr. Wie viel Geld wird auf dem Konto nach fünf Jahren sein, wenn Du keine Verfügungen vorgenommen hast?
    a. Mehr als 102 €?
    b. Exakt 102 €?
    c. Weniger als 102 €?
    d. Ich weiß es nicht.

---

[1] Quelle: Annamaria Luscardi und Olivia Mitchell 2004 - 2012 / National Financial Capability Study (Lusardi and Mitchell 2011d).

2. Stelle Dir vor, dass der Zinssatz auf Deinem Sparbuch ein Prozent pro Jahr beträgt und die Inflation 2 % pro Jahr. Wie viel wirst Du von dem Geld auf dem Konto nach einem Jahr kaufen können?

    a. Mehr?

    b. Exakt gleich?

    c. Weniger als heute?

    d. Ich weiß es nicht.

3. Glaubst Du die folgende Behauptung ist richtig oder falsch? „Eine einzelne Aktie zu kaufen bringt normalerweise mehr Rendite als einen Aktienfonds zu kaufen."

    a. Richtig!

    b. Falsch!

    c. Ich weiß es nicht!

Die richtigen Antworten findest Du in der Fußnote zwei.[2] Hast Du die Fragen richtig beantwortet? Wie FinanzFit bist Du? Der Prozentsatz derjenigen Befragten aus Deutschland, die alle drei Fragen richtig beantwortet haben, lautet: 53 %! Im internationalen Vergleich liegen wir damit zwar über dem Durchschnitt, aber dennoch ist fast die Hälfte aller Antworten mindestens teilweise falsch!

In einer Studie der ING-Diba[3] gaben ebenfalls 53 % der über 18-jährigen Deutschen an, dass sie *keine* Finanzbildung haben. Somit haben etwa 35 Millionen volljährige Bundesbürger einen dringenden Handlungsbedarf in Sachen Finanzbildung. Nicht hinzugerechnet sind die Menschen, die aus ihrer eigenen Sicht eine zu geringe Finanzbildung besitzen. In der europaweit durchgeführten Studie belegt Deutschland den letzten Platz. Von den in der Studie befragten Menschen möchten 78 % in der Schule Finanzbildung erhalten. Insgesamt haben wir es als Gesellschaft, bisher zumindest, nicht geschafft, Finanzbildung initiativ zu vermitteln.

---

[2] Die richtigen Antworten lauten: 1 a, 2 c und 3 b.

[3] Quelle: https://www.ing-diba.de/pdf/ueber-uns/presse/publikationen/ing-diba-studie-2013.pdf

Andererseits ist Finanzbildung sowohl eine Bringschuld als auch eine Holschuld. Wir sollten nicht nur warten, bis die Gesellschaft mit ihren Institutionen uns Finanzbildung auf dem Silbertablett serviert, sondern auch selbst aktiv werden.

Aber es tut sich auch etwas in unserem Bildungssystem: In dem laufenden Schuljahr 2017/18 beginnt mit Baden-Württemberg zumindest ein Bundesland mit der Einführung eines Pflichtfaches „Wirtschaft / Berufs- und Studienorientierung". Dort wird das Fach in zwei Schritten eingeführt. Sicher gibt es viele verschiedene Meinungen zu dem entsprechenden Bildungsplan[4]. Im Vorfeld der Einführung wurden diese auch entsprechend diskutiert. Dennoch ist der Schritt als solcher zu begrüßen. Eine Einführung in den restlichen 15 Bundesländern ist absolut wünschenswert!

Selbst diejenigen, die in der Vergangenheit eine Finanzbildung erhalten haben, können nicht alle von sich behaupten, dass sie das Wissen auch in die Tat umsetzen können. Dazu bedarf es neben dem Wissen einer großen Portion an Disziplin, Focus und einen ausdrücklichen Willen, es zu tun! Im Allgemeinen werden Finanzangelegenheiten als ein notwendiges Übel betrachtet. Dieses schiebt man so lange vor sich her, bis ein dringender Handlungsbedarf besteht - bis zum Beispiel kein Geld mehr auf dem Konto ist, der Dispositionskredit ausgeschöpft ist oder eine Immobilie finanziert werden soll.

Wann hast Du Dir zum letzten Mal folgende Fragen gestellt und beantwortet?

- Welches Finanzwissen benötige ich?
- Welche Lebensziele möchte ich in den nächsten Jahren erreichen?
- Welche finanziellen Ziele habe ich für die nächsten fünf oder 10 Jahre?

---

[4] Leitgedanken nachzulesen unter: http://www.bildungsplaene-bw.de/,Lde/LS/BP2016BW/ALLG/SEK1/WBS/LG

- Wie hoch ist mein monatlich durchschnittlich erwirtschafteter Gewinn oder Verlust?
- Wie kann ich meine monatlichen Ausgaben senken?
- Wie kann ich meine monatlichen Einnahmen steigern?
- Welchen Prozentsatz meines Einkommens sollte ich sparen und welchen investieren?
- Wie hoch muss meine finanzielle Reserve sein, um unvorhergesehene Ausgaben bezahlen zu können?
- Warum ist eine 0 % - Finanzierung nicht wirklich kostenlos bzw. kann mich sogar teuer zu stehen kommen?
- Wieviel Konsumschulden kann ich mir leisten?
- Welche finanziellen Abhängigkeiten bestehen?
- Wie kann ich diese Abhängigkeiten reduzieren?
- Was ist der Unterschied zwischen Sparen und Investieren?
- Welche Vorteile bietet ein individueller und schriftlich fixierter Finanzplan?
- Wie konsequent habe ich alle festgelegten Schritte auf dem Weg zum finanziellen Erfolg umgesetzt?

Wenn Du für alle diese Fragen konkrete Antworten hast, die nicht älter als sechs Monate sind, brauchst Du dieses Buch nicht weiterzulesen. Du hast offensichtlich nicht nur ein gutes Finanzwissen, sondern es auch geschafft, aus diesem Finanzwissen einen eigenen individuellen Finanzplan zu erstellen und diesen umzusetzen. Weniger als 5 % der deutschen Bevölkerung schaffen das. Herzlichen Glückwunsch! Ich wünsche Dir weiterhin viel Erfolg beim Erreichen Deiner finanziellen Ziele und verabschiede mich jetzt von Dir.

Du liest noch weiter? Dann gehörst Du sicherlich zu der überwiegenden Mehrheit, die nicht so konsequent auf das Thema Finanzbildung und Finanzplanung gesetzt hat. Das macht aber gar nichts. Denn ich darf Dir ebenfalls gratulieren: Herzlichen Glückwunsch! Warum? Du hast das Buch vor Dir, in dem Du das notwendige **praktische Finanzwissen** und die dazu gehörende **Umsetzungskompetenz** erlernen kannst.

Kein Ziel des Buches ist das Verfassen von langen und theoretischen Abhandlungen, die keine Relevanz für den praktischen Umgang mit Geld und den Vermögensaufbau haben. Im Mittelpunkt steht vielmehr, **Dir die Optimierung Deiner Finanzen und einen systematischen Vermögensaufbau in der Praxis zu ermöglichen.**

Um die Dinge auf den Punkt zu bringen, habe die **Armutsformel** und die **Wohlstandsformel** entwickelt. Durch diese Formeln wird dargestellt, wie Du einerseits auf jeden Fall arm wirst und andererseits zu Wohlstand kommen kannst. Denn nur wer weiß, wie man arm wird, kann zu Wohlstand kommen.

Wir werden konkret ein in der Praxis vielfach erprobtes **Rechentool** besprechen, das Du als Leser dieses Buches über die Webseite der Geld-Schule. ohne zusätzliche Kosten erhalten kannst. Die Hinweise dazu findest Du an der entsprechenden Stelle im Buch. Es handelt es sich um den sogenannten **FinanzFitnessCheck** – ein von mir entwickeltes Excel-Rechentool, bestehend aus den folgenden sieben Registern: GeldBudget, GeldOptimierer, GeldBilanz, ZielPlaner, GeldPlaner, FinanzFitnessPlan und FinanzFitnessErgebnis. Dieses Tool ermöglicht Dir, Deine persönliche finanzielle Situation einzugeben und zu optimieren. Ganz konkret hast Du die Möglichkeit, Deine Einnahmen und Ausgaben übersichtlich einzugeben und Deinen monatlichen „Gewinn" oder „Verlust" festzustellen. Anschließend kannst Du die Einnahmen und Ausgaben optimieren und so Deinen **finanziellen Spielraum** pro Monat und pro Jahr deutlich **erhöhen**. Durch das Formulieren von Deinen persönlichen Lebenszielen ist es möglich, davon abgeleitete Finanzziele zu definieren. Der FinanzFitness-Check hilft Dir, diese definierten **Finanzziele systematisch** zu **erreichen**. So kannst Du Deine aktuelle finanzielle Situation und Deine **Altersvorsorge** deutlich **verbessern**!

Genau das habe ich bereits erfolgreich gemacht: Vor über 10 Jahren habe ich meine Ziele definiert und an deren Umsetzung konsequent gearbeitet. Jetzt habe ich viele der damals formulierten Ziele erreicht und habe die Zielplanung weiter rollierend angepasst. In diesem Buch zeige ich Dir, wie das funktioniert. **Vorkenntnisse sind nicht erforderlich**. Das Buch ist **altersunabhängig** für jeden geeignet, der seine finanzielle Situation verbessern möchte.

Weiterhin lernst Du die **sechs wichtigsten Kennzahlen für private Finanzen (= FinanzFitnessZahlen)** kennen. Diese ermöglichen es Dir, Deinen eigenen finanziellen Erfolg zu planen und zu erreichen. Am Ende des Rechentools hast Du die Möglichkeit, einen **Finanzplan für die nächsten zehn Jahre** zu erstellen. In dem letzten Register des Rechentools, dem FinanzFitnessErgebnis, wird verglichen, wie sich Deine finanzielle Lage bei den wichtigsten Kennziffern vor und nach der Optimierung verbessert hat. Wie das alles genau funktioniert und welche Zahlen und Daten Du eintragen kannst, stelle ich Dir ganz genau in diesem Buch vor. Auch hier sind keinerlei Vorkenntnisse nötig, alles wird erklärt.

In diesem Buch bezeichne ich Finanzbildung als FinanzFitness. Warum? Es gibt sehr viele Parallelen zwischen den Bereichen Finanzbildung und Fitness: Notwendig sind Wissen, Definition von Zielen, Ausdauer, Kraft, und Disziplin. An vielen Stellen dieses Buches gebe ich **FinanzFitnessTipps**, die es Dir ermöglichen, den Überblick zu bewahren und sofort die richtigen Maßnahmen zu ergreifen. Alle FinanzFitnessTipps werden am Ende des Buches zusammengefasst dargestellt. Damit ist es möglich, innerhalb von wenigen Minuten die Inhalte des Buches zu rekapitulieren.

Einige **Geld-Experimente** fordern Dich auf, neue Dinge auszuprobieren.

In den letzten Kapiteln des Buches stelle ich vor, wie Du **in 7 Schritten FinanzFit** werden kannst. Anhand dieser FinanzFitnessSchritte kannst Du mit dem in diesem Buch erlernten Wissen und dem vorgestellten FinanzFitnessCheck Deine **kompletten Finanzen auf Vordermann bringen und ab sofort Vermögen aufbauen**. Nach dem Abarbeiten der sieben FinanzFitness-Schritte fehlt dann nur noch das Wichtigste:

Das Tun!

Indem Du durch das Durcharbeiten dieses Buches FinanzFitness erwirbst, hast Du es von jetzt ab selbst in der Hand, wie sich Dein Leben und Deine Finanzen entwickeln. Ab jetzt sitzt Du auf dem „driver's seat" (Fahrersitz) und entscheidest, in welche Richtung Du Dich bewegst.

Auf eine mögliche Frage möchte ich noch eingehen: Warum verwende ich das „Du" und nicht das „Sie"? Ich möchte Dich persönlich in diesem Buch ein Stück auf Deinem Weg zur FinanzFitness begleiten und Dir, bildlich gesprochen, „nah" sein. Ich bin fest davon überzeugt, dass diese Nähe mit einem „Du" leichter zu erreichen ist. Wenn wir einmal schriftlichen, telefonischen oder persönlichen Kontakt haben sollten, bist Du eingeladen, mich ebenfalls zu Duzen, andernfalls werden wir auch mit einem „Sie" prima auskommen.

So - das reicht aber jetzt! Jetzt geht's los!

Viel Spaß und Erfolg beim Lesen des Buches wünscht Dir

Stefan Serret

Kontaktdaten:

Die GeldSchule.

freiheit@die-geld-schule.de

www.die-geld-schule.de

KAPITEL I: DIE GRUNDLAGEN UNSERES GELDSYSTEMS

Von Krösus zu Kryptos: Geschichte, Gegenwart & Zukunft des Geldes

Geschichte des Geldes

Vor Tausenden von Jahren tauschten Menschen Waren ausschließlich gegen Waren. Teilweise waren feste „Preise" festgelegt. So gab es eine Relation zwischen einer Menge Wein, die gegen eine Anzahl Stockfische getauscht wurde. In diesem Zusammenhang wird auch von „**Naturalgeld**" gesprochen. Der Nachteil des Naturalgeldes bestand einerseits in dem schwierigen und aufwendigen Transport und der jeweils regional und saisonal unterschiedlichen Preisfindung. Aus diesem Grund suchten die Menschen einen standardisierten Ersatz. Bedingung für einen Ersatz war unter anderem ein gewisser Grad an Seltenheit und geringes Gewicht bzw. geringes Volumen. Deswegen begann man schon früh mit dem Tausch von Waren gegen zum Beispiel Muscheln. Der nächste Schritt bestand in dem Tausch von Waren gegen Metalle.

Vor knapp 4000 Jahren wurden im Mittelmeerraum erstmals Waren gegen Tierminiaturen aus Bronze getauscht. Die eigentliche Geschichte unseres Geldes in Form von **Münzgeld** beginnt vor knapp 3000 Jahren auf dem Gebiet der heutigen Türkei in dem sogenannten Königreich Lydien. Der Vater des bekannten Königs Krösus wird als Erfinder des Münzgeldes angesehen. In dieser Zeit wurden Waren mit einem oder mehreren Metallstücken aus einer in der Natur vorkommenden Legierung aus Gold und Silber mit dem Namen Elektron bezahlt. Durch die Produktion und Einführung dieser Geldstücke wuchs der Handel des Königreichs Lydien stark an und der König Krösus konnte so erhebliche Schätze ansammeln. Krösus war durch seine Freigebigkeit und seinen Wohlstand sehr bekannt. Dies schlägt sich auch in der bekannten Redewendung „Bin ich denn Krösus?" nieder.

In den darauffolgenden Jahrhunderten wurden auch in anderen Ländern Münzen eingeführt. Eine der wichtigsten Münzeinführungen war die des römischen Denars. Der Denar war über mehrere Jahrhunderte die wichtigste Silbermünze von Rom, bis er aufgrund von Geldentwertung einen immer geringeren Silbergehalt hatte und schließlich nur noch in Kupfer geprägt wurde.

Das erste **Papiergeld** wurde im 11. Jahrhundert in China herausgegeben. Papiergeld hatte den Vorteil des deutlich geringeren Gewichtes und konnte so über die Jahrhunderte gegenüber dem Münzgeld deutlich an Bedeutung gewinnen. Das erste Papiergeld in Europa wurde im Jahr 1483 in Spanien als Ersatz für fehlendes Münzgeld herausgegeben. Erst im 19. Jahrhundert führten europäische Staaten dauerhaft Papiergeld ein. Dazu wurden nationale Notenbanken gegründet, denen das staatliche Monopol zur Ausgabe von Münzen und Geldscheinen übertragen wurde. Um das Misstrauen gegenüber dem Papiergeld abzubauen, bestand eine Wandlungspflicht. Die Notenbanken versprachen, Papiergeld jederzeit in Silbermünzen oder Goldmünzen (Golddeckung) einzutauschen. Aufgrund einer laufenden Geldentwertung konnte dieses Versprechen oft nicht eingelöst werden. Es wurde oft mehr Papiergeld produziert, das nicht durch Silbermünzen und Goldmünzen gedeckt war. Nach einer wechselhaften Geschichte der Golddeckung wurde diese faktisch in der zweiten Hälfte des 20. Jahrhunderts abgeschafft. Mit der Abschaffung der Golddeckung hatte sich das Papiergeld endgültig von den Anfängen seit der Erfindung der Geldmünzen durch Krösus entfernt.

Vor etwa 400 Jahren entwickelte sich in Italien in Verbindung mit Schecks eine neue Form von Geld: das sogenannte „**Giralgeld**", das auch „**Buchgeld**" genannt wurde. In der heutigen Welt entsteht Buchgeld, indem Bargeld auf ein Konto bei einem Kreditinstitut eingezahlt wird. Durch die Buchung auf dem Konto entsteht das Buchgeld. Das Buchgeld existiert somit lediglich in Form einer Buchung und steht damit im Gegensatz zu dem Münzgeld und dem Papiergeld. Die Notenbanken und Geschäftsbanken können unabhängig von einer Einzahlung auf ein Konto neues Buchgeld schaffen. So kann beispielsweise durch Kreditvergabe ein Vielfaches der ursprünglichen Einzahlung auf ein Konto an neuem Geld entstehen. Die so neu geschaffene Geldmenge erhöht die bestehende Geldmenge.

Seit der jüngsten Finanzkrise haben die internationalen Notenbanken die Geldmenge teilweise drastisch erhöht, um die negativen Folgen der Finanzkrise abzufedern. Sicher kannst Du Dich auch noch an die Bilder von Menschenschlangen vor den Bankfilialen auf Zypern und Griechenland vor wenigen Jahre erinnern. Die Menschen hatten das Vertrauen in das Buchgeld auf ihren Konten verloren und forderten eine Auszahlung als Papiergeld. Als die Geldvorräte der Banken zu Ende gingen, wurde eiligst neues Papiergeld aus anderen europäischen Ländern eingeflogen.

Der Wertverlust von Geld und die damit verbundene reduzierte Kaufkraft werden auch als **Inflation** bezeichnet. Gerade bei Papiergeld, das nicht mit Gold oder Silber hinterlegt ist und somit jederzeit neu gedruckt werden kann, besteht die Gefahr von Inflation und Wertvernichtung. Zu diesem Thema hat der Informatiker Vincent Cate[5] 599 nicht mit Gold gedeckte Papiergeldwährungen, die in den vergangenen 1000 Jahren Bestand hatten, untersucht. Das Ergebnis ist ernüchternd: Alle untersuchten 599 Währungen existieren in der ursprünglichen Form heute nicht mehr. Die Hauptgründe des Scheiterns sind folgende:

- Währungsunion oder Auflösung - 184 Währungen (30 %)
- Kriegsbedingt - 165 Währungen (28 %)
- Hyperinflation - 156 Währungen (26 %)
- Unabhängigkeitserklärung in Verbindung mit neuer Währung – 94 Währungen (16 %)

Auch in der deutschen und europäischen Geschichte gibt es viele Beispiele für gescheiterte Währungen. Selbst die Weltreservewährung, der US-Dollar, besteht in seiner ungedeckten Form erst seit 1971, also erst seit 46 Jahren. Aufgrund der bisherigen Geldgeschichte kann gemäß Vincent Cate festgehalten werden, dass nicht durch Gold gedeckte Währungen durchschnittlich knapp 40 Jahre existieren. Die älteste noch bestehende

---

[5] Quelle: Studie "Paper Money versus Gold Money" von Vincent Cate

Währung der Welt ist das Britische Pfund – zugegebenermaßen mit einer sehr wechselhaften Geschichte[6].

Zusammenfassend zeigt diese kurze Analyse, dass die Gefahr besteht, dass gerade Währungen ohne Golddeckung aus verschiedenen Gründen ausgetauscht werden können. Dementsprechend sollte ein **systematischer Vermögensaufbau nicht nur in Geldwerten sondern auch in Sachwerten** erfolgen.

In Europa markierte die Einführung des Euros zum 1. Januar 1999 als Geld und zum 1. Januar 2002 als Bargeld einen weiteren wichtigen Meilenstein in der europäischen Geldgeschichte.

Die nächste Stufe der Geldentwicklung wurde im Jahr 2009 mit der Verbreitung der ersten **Kryptowährung** der Welt, dem Bitcoin, erreicht. Anders als bisherige Währungen werden Kryptowährungen nicht von Staaten oder deren Notenbanken ausgegeben, sondern von privaten Personen oder Institutionen erschaffen. Diese führen Rechenvorgänge mit Computern aus und erhalten dafür als „Belohnung" Kryptowährungen, z.B. Bitcoins. Damit sind Kryptowährungen „digitale" Währungen. Der Ursprungsgedanke der Kryptowährungen war die Erschaffung einer Währung, die keinem staatlichen Einfluss unterliegt. Damit sollte verhindert werden, dass durch eine kontinuierlich ansteigende Staatsverschuldung der Wert der Währung immer niedriger wird. Diese Entwicklung konnte in der Vergangenheit oft beobachtet werden. Bis dato gab es bei der bedeutendsten Kryptowährung Bitcoin in der Tat eine sehr positive Wertentwicklung - trotz teilweise dramatischen kurzfristigen Schwankungen. Diese sehr starken Schwankungen stellen natürlich für die Personen und Unternehmen, die mit Bitcoins Waren und Dienstleistungen einkaufen und verkaufen, ein Risiko dar. Wenn beispielsweise eine Dienstleistung für einen Gegenwert von 5.000 € verkauft wird und der Kunde in Bitcoin bezahlt, liegt das Kursänderungsrisiko bei dem Rechnungssteller. Fällt nun der Bitcoin gegen Euro um 10 % an einem Tag,

---

[6] Vergleiche: http://www.economywatch.com/exchange-rate/uk-pound-sterling.html

würde dies in Euro gerechnet einen um 500 € reduzierten Gewinn bedeuten. Ein solches Risiko wollen viele Unternehmen verständlicherweise nicht übernehmen. Dazu kommt bei den Kryptowährungen die Gefahr eines Verbots durch Regierungen oder Notenbanken. Kryptowährungen sind in den meisten Ländern nicht als gesetzliches oder offizielles Zahlungsmittel anerkannt. In einem Krisenfall oder wenn der Einfluss der Kryptowährungen zu groß wird, könnte ein Verbot ausgesprochen werden. Dies würde zumindest einen dramatischen Kursverfall nach sich ziehen. Demgegenüber steht die Chance, dass die Kryptowährungen weiter Marktanteile gewinnen und so dem klassischen Geld starke Konkurrenz machen. Eines Tages könnte auch eine offizielle Zulassung als gesetzliches Zahlungsmittel erfolgen. Erwähnenswert ist zudem, dass neben dem Marktführer Bitcoin noch weitere Kryptowährungen existieren. Die Marktkapitalisierung dieser Kryptowährungen[7] ist aber deutlich kleiner als die des Bitcoins. Im August 2017 wurde von dem Bitcoin der sogenannte „Bitcoin Cash" abgespalten.

Ähnlich wie die meisten Papierwährungen haben Bitcoins keine Deckung durch Gold oder Silber. Insgesamt lässt sich nicht vorhersagen, ob Kryptowährungen Bestand haben werden. Deswegen eignen sie sich momentan nicht für einen systematischen Vermögensaufbau.

Gegenwart & Zukunft des Geldes

Nachdem Geld nun bald 3000 Jahre alt wird, kann zunächst eine positive Bilanz gezogen werden. Die Tauschfunktion bzw. die Zahlungsmittelfunktion hat Geld auf jeden Fall erfüllt. Auch die Funktion als Recheneinheit hat Geld erfüllt. Anders sieht es bei der Aufgabe des Geldes als Instrument zur Werterhaltung aus. Wie bereits weiter oben erwähnt, bestehen gerade bei Währungen ohne Golddeckung Gefahren für die Wertbeständigkeit. Auch in der heutigen Zeit sind die Gefahren nicht zu unterschätzen. Trotz dieser Gefahren kommen wir aus heutiger Sicht nicht um die Nutzung des staatlich zugelassenen Geldes herum. Kryptowährungen

---

[7] Aktuelle Übersicht Kryptowährungen unter: https://coinmarketcap.com/

können zwar in der Zukunft eine stärkere Rolle ausüben als heute. Demgegenüber stehen die Risiken im Zusammenhang mit einer eventuell aus-
bleibenden Genehmigung als gesetzliches Zahlungsmittel.

Die Sicherheit unseres Geldes – Aktuelle Entwicklungen in Deutschland und Europa

Nach den vergangenen Finanzkrisen kann man den Eindruck gewinnen, dass die Lage in unserem Finanzsystem und an den Kapitalmärkten
wieder im grünen Bereich ist. In der Tat wurden seitens der Regierungen
und der Europäischen Union Kontrollen von Banken verstärkt und Me-
chanismen eingeführt, die zur Stabilisierung der Finanz- und Geldmärkte
geführt haben. Allen voran hat die Europäische Zentralbank (EZB) durch
ihre extreme **Niedrigzinspolitik** dazu beigetragen, dass Unternehmen
und Privatleute mittlerweile sehr preiswert Kredite aufnehmen können.
Dadurch, dass Banken Unternehmen und sehr vermögenden Privatleuten
teilweise für hohe Geldbeträge auf ihren Konten negative Zinsen berechnen, wird kontinuierlich und händeringend nach lohnenswerten Investitionsmöglichkeiten gesucht.

Unternehmen kaufen Unternehmen zu Rekordpreisen, Privatleute
müssen viel Geld in die Hand nehmen, wenn sie in Immobilien investieren möchten. Viele Aktienkurse befinden sich im historischen Vergleich
in der Nähe der Höchststände und die Bewertung vieler Aktiengesellschaften ist eher hoch als niedrig. Deutsche und europäische Aktien jedoch sind, im Vergleich zu anderen Aktienmärkten, momentan fairer be-
wertet. Geld ist scheinbar in mehr als ausreichender Menge im System.
All das hat zu einer sogenannten „**Vermögensinflation**" geführt. Vermögenswerte werden aufgrund der vorhandenen Menge an billigem Geld
und der hohen Nachfrage teurer und machen die Besitzer von Vermögensgegenständen vermögender. Bei dem Kauf einer im Preis deutlich gestiegenen Immobilie wird dieser Effekt zum Teil durch sehr niedrige Kre-
ditzinsen ausgeglichen. Dennoch bedeutet dies, dass wir mehr Geld für
eine gleiche Einheit an Vermögen bezahlen.

Für den Privatanleger und Unternehmen bleibt aber der Effekt, dass
es schwieriger und arbeitsintensiver wird, Rendite abwerfende Anlagen

zu finden. Ich möchte Dir neben diesen Überlegungen zu den Bewertungen von Vermögensanlagen noch einige grundsätzliche Gedanken zu aktuellen Entwicklungen in unserem Geldsystem vorstellen.

Wie in dem Facebook-Artikel der GeldSchule. vom 1. Juli 2017 dargestellt, haben der Bundestag und der Bundesrat Ende Juni 2017 den letzten Schritt unternommen, um das **Bankgeheimnis** in Deutschland komplett abzuschaffen. Der ehemalige Paragraf 30a der Abgabenordnung mit dem Titel „Schutz von Bankkunden" wurde komplett gestrichen. Der Paragraf 30a Abs. 2 der Abgabenordnung lautete bis dato wie folgt:

> „Die Finanzbehörden dürfen von Kreditinstituten zum Zweck der allgemeinen Überwachung die einmalige oder periodische Mitteilung von Konten bestimmter Art oder bestimmter Höhe nicht verlangen."

Da dieser Paragraf - inklusive dieses Absatzes - komplett gestrichen wurde, haben die Finanzbehörden nunmehr deutlich größere Kontroll- und Überwachungsmöglichkeiten. Im Vorfeld der Abschaffung des Bankgeheimnisses sind in den vergangenen Jahren die Abfragen von privaten Konten in Deutschland durch die Finanzbehörden deutlich gestiegen. Damit wird der Schutz der Privatsphäre von einzelnen Personen weiter zugunsten des vermeintlichen öffentlichen Interesses reduziert. Da Du ja nichts zu verbergen hast, denkst Du vielleicht, dass das für Dich gar keine Bedeutung hat. Das ist insoweit richtig, dennoch verbleibt bei vielen Menschen in Anbetracht des Hungers von staatlichen Stellen nach vertraulichen privaten Daten ein fader Beigeschmack.

Ein weiteres wichtiges Thema ist die **gesetzliche Einlagensicherung** und die zusätzliche freiwillige Einlagensicherung der verschiedenen Bankinstitutsgruppen. Durch die Umsetzung von europäischen Vorgaben und die Anpassung auf deutsche Gegebenheiten gibt es für einen Betrag von 100.000 € auf Spar-, Termin- und Sichteinlagen eine gesetzliche Sicherung. Für diese Absicherung müssen die Banken jährliche Beiträge zahlen. Wie die Deutsche Bundesbank in dem „Monatsbericht Dezember 2015" darstellt, muss die gesetzliche Einlagensicherung bis zum Jahr 2024 Finanzmittel in Höhe von 0,8 % der gedeckten Einlagen der Kunden zur

Verfügung stellen[8]. Wenn dies im Jahr 2024 erreicht wird, wären im Falle der gleichzeitigen Abwicklung aller abgesicherten Einlagen je 100.000 € lediglich durchschnittlich 800 € pro Kunde aus der Einlagensicherung verfügbar. Die Grundannahme des Systems beruht darauf, dass im Fall einer Krise nur wenige Bankkunden weniger Banken aus der gesetzlichen Einlagensicherung heraus entschädigt werden müssen. Dann könnte das eingezahlte Geld reichen. Sollte es jedoch zu einer flächendeckenden Krise kommen, reichen die verfügbaren Mittel nicht aus.

Bei der **freiwilligen Einlagensicherung** wurde in den vergangenen Jahren die Quote der abgesicherten Einlagen der Kunden teilweise reduziert. Genaue Angaben über die Höhe der nominalen Absicherung in Euro und die bisher gebildeten Rücklagen der freiwilligen Einlagensicherung kann Dir Deine jeweilige Bank machen. Auch hier verbleibt die Frage, wie die Situation aussieht, wenn viele Banken gleichzeitig in einer Krisensituation sind.

In den vergangenen Wochen und Monaten hat sich weiterhin gezeigt, dass viele Jahre nach dem Ausbrechen der Finanzkrise einige Banken weiterhin Probleme haben. Auch ihnen macht die Niedrigzinspolitik zu schaffen, und die Erträge können nur schwerlich stabilisiert werden. Wenn dazu noch Altlasten der vergangenen Jahre bereinigt werden müssen, kann schnell eine kritische Situation entstehen. Dies haben Rettungsmaßnahmen für Banken in Spanien und Italien im Sommer 2017 gezeigt. Das Positive an dieser Situation ist, dass trotz aller Schwierigkeiten und Probleme die Privatkunden sehr selten zur Kasse gebeten wurden. Der Grund dafür ist das bisher vorhandene gemeinsame Interesse und die Fähigkeit aller Beteiligten, Lösungen zu finden.

Der laufende Trend zur Digitalisierung von Geld und Geldzahlungen wird anhalten und auch in Europa zu einer rückläufigen Nutzung von

---

[8] Quelle: Monatsbericht der Deutschen Bundesbank von Dezember 2015, Seite 51 – 65; Link:
https://www.bundesbank.de/Redaktion/DE/Downloads/Veroeffentlichungen/ Monatsberichte/2015/2015_12_monatsbericht.pdf?__blob=publicationFile

Bargeld führen. Dennoch hat Bargeld, gerade in Deutschland, eine starke Bedeutung. In einer Zeit, in der das Bankgeheimnis abgeschafft wurde, ermöglicht Bargeld die Bezahlung von Produkten und Dienstleistungen, ohne einen „digitalen Fußabdruck" zu hinterlassen.

Grundsätze des systematischen Vermögensaufbaus

Aus oben den beschriebenen vergangenen und zukünftigen Entwicklungen lassen sich bereits an dieser Stelle folgende wichtige **Grundsätze für einen systematischen Vermögensaufbau** ableiten:

1. Geld wird weiterhin eine wichtige Grundlage des Wirtschaftens in Marktwirtschaften bleiben.
2. Aufgrund bestehender Risiken bezüglich der Wertstabilität des Geldes sollte Vermögensaufbau neben Anlagen in Geldwerten (Sparguthaben, Termingelder und zum Teil auch Lebensversicherungen) zu einem starken Ausmaß Anlagen in Sachwerten (Aktien, Immobilien & Edelmetalle) berücksichtigen,
3. Kryptowährungen entwickeln sich in den nächsten Jahren weiter, sind aber aus heutiger Sicht noch keine Alternative zu den etablierten Währungen,
4. In Geldangelegenheiten bringt das Verlassen auf das System oder auf andere nicht viel. Eigeninitiative ist gefragt. Durch aktives Handeln und einen systematischen Vermögensaufbau verbunden mit einer, auf verschiedene Vermögenskategorien aufgeteilte, Geldanlage lassen sich Risiken reduzieren und Chancen erhöhen.

Nach diesem Rückblick und Ausblick zu den Entwicklungen in der Geschichte des Geldes und der Zukunft des Geldes ist die es nun an der Zeit, sich Gedanken über unsere Einstellung und mögliche Ansichten zu Geld zu machen. Deswegen geht es in den nächsten Kapiteln um Glaubenssätze zu Geld.

Unsere (falschen) Glaubenssätze zu Geld

In unserer Gesellschaft gibt es viele Aussagen und Behauptungen über Geld, die uns unbewusst prägen. Zum Teil hören oder erleben wir solche Aussagen und Verhaltensweisen im Kreise von Familie oder Freunden und machen sie uns insgeheim zu unserer „Wahrheit". Solche Gedanken oder Aussagen nennt man „Glaubenssätze". Anhand dieser unbewussten Glaubenssätze bewerten wir Verhaltensweisen und Ereignisse, die wir im Laufe der Zeit erleben. Generell unterscheidet man zwischen positiven und negativen Glaubenssätzen.

Überlege einmal selbst: Welche Glaubenssätze hast Du zu dem Thema Geld? Woher kommen diese Glaubenssätze? Sind sie positiv oder negativ?

Menschen denken über das Thema Geld oftmals zwiespältig. Einerseits ist jedem bewusst, dass er Geld braucht, um sein Leben in der Gesellschaft zu bestreiten, und andererseits wird oft mehr über die negativen als über die positiven Seiten des Geldes gesprochen. Ich möchte Dich dazu anregen, über diese negativen Glaubenssätze nachzudenken und zu überprüfen, wie diese eventuell in positive Glaubenssätze umgewandelt werden können. Das hat den Vorteil, dass Du Geld dann zunehmend positiver wahrnimmst und das Geld nicht nur als notwendiges Übel betrachtest.

Am Beispiel von einigen negativen Glaubenssätzen möchte ich dieses Vorgehen schildern.

1) Geld verdirbt den Charakter

Jeder von uns hat bestimmt Bilder im Kopf von reichen Menschen, die ihr Geld falsch einsetzen. Lug und Betrug, Bestechung und Veruntreuung, Steuerhinterziehung und illegale Geschäfte sind die Begriffe, an die viele von uns bei dem Thema Geld und Charakter denken. Woher kommt dieser Glaubenssatz? Wer hat ihn in unser Gedächtnis eingebrannt? Fakt ist, dass dieser Glaubenssatz unterstellt, dass derjenige, der viel Geld hat, sich zu einem „schlechten" Menschen entwickelt. Wenn Du einmal darüber nachdenkst, fallen Dir bestimmt einige Namen von Personen ein, auf die diese Beschreibung passt. Sicher gibt es diese Menschen, aber dieser Glaubenssatz verallgemeinert allerdings sehr stark und wird zu selten kritisch hinterfragt. Tatsache ist aber auch, dass durch Geld viel Gutes getan werden kann. Menschen spenden, Vermögende errichten gemeinnützige Stiftungen, bekannte Persönlichkeiten unterstützen wohltätige Einrichtungen usw. Auch hier werden Dir bestimmt wieder Namen von Personen einfallen, auf die diese Beschreibung passt. Bei diesen Menschen hat Geld offensichtlich den Charakter nicht verdorben – sie haben einfach ihren guten Charakter behalten und mit dem Geld Gutes getan. Dementsprechend bietet es sich an, den Glaubenssatz „Geld verdirbt den Charakter" zu ersetzen durch „Geld verstärkt den Charakter". Durch den Austausch des Wortes „verdirbt" ist dieser Glaubenssatz von einem negativen Glaubenssatz zu einem neutralen bis positiven Glaubenssatz geworden. Ich bin fest davon überzeugt, dass es deutlich mehr gute als schlechte Menschen gibt. Dementsprechend ist für mich der neue Glaubenssatz

„Geld verstärkt den Charakter"

ein positiver Glaubenssatz. So einfach geht es! Schauen wir uns den nächsten Glaubenssatz an.

2) Geld macht nicht glücklich

Du hast bestimmt auch diesen Glaubenssatz schon oft gehört und vielleicht auch schon selbst verwendet. Diese Redewendung stellt oft gewissermaßen eine „Genugtuung" für diejenigen dar, die nicht so viel Geld wie die Vermögenden haben. Davon wird dann abgeleitet, dass es den Reichen auch nicht bessergeht als einem selbst. Ach ja, deswegen macht es ja auch keinen Sinn, immer dem Geld hinterher zu rennen – oder was meinst Du?

Wissenschaftliche Studien haben in der Tat belegt, dass Geld nicht glücklich macht. Als Ergebnis mehrerer Studien konnte aber nachgewiesen werden, dass ein gewisses Vermögen die Menschen weniger traurig macht. Viele Probleme und Herausforderungen des Lebens können mit Geld leichter gelöst werden. Wenn Geld vorhanden ist, kann das eine oder andere Problem sogar sehr schnell und bequem gelöst werden. Zum Beispiel ist Dein Auto aufgrund eines Motorschadens defekt. Du brauchst sofort ein neues Auto. Schließlich fährst Du damit zur Arbeit. Wenn Du das neue Auto bar aus Deinem Vermögen bezahlen kannst, ist das Problem schnell gelöst. Die gleiche Summe an Geld hat aber dann eine ganz andere und eventuell sogar bedrohlichere Bedeutung, wenn das Geld nicht vorhanden ist.

Interessant ist auch, dass sowohl Menschen mit wenig als auch diejenigen mit viel Geld den Besitz und das Verwalten eines großen Vermögens als eine schwierige oder sogar unlösbare Herausforderung ansehen, die verunsichert und sogar Angst machen kann.

Die erfolgreiche Schauspielerin Audrey Hepburn traf es meiner Meinung nach mit folgender Aussage auf den Punkt:

„Geld hat an und für sich noch nie jemanden glücklich gemacht, aber es hat mir stets ein Gefühl von Sicherheit gegeben und auf diese Weise meine Fähigkeit zum Glücklichsein gesteigert."

Der neue und positiv formulierte Glaubenssatz könnte also lauten:

„Geld gibt Sicherheit und Zufriedenheit."

3) Geld stinkt nicht

Hinter diesem Glaubenssatz steht der Gedankengang, dass viel Geld zu verdienen, unredlich oder anrüchig sei. „Wie kommt „der" oder „die" nur zu so viel Geld?" könnte die Frage über eine Person lauten, die offensichtlich viel bzw. zu viel Geld hat. „Das kann doch nicht mit rechten Dingen zugehen."

In unserem Wirtschaftssystem kann derjenige erfolgreich sein und viel Geld verdienen, der die Wünsche und Bedürfnisse von Menschen in Form von Dienstleistungen oder Produkten erfüllt. Die bestehende Nachfrage wird durch ein entsprechendes Angebot befriedigt. In der Regel bieten Unternehmen solche Produkte oder Dienstleistungen an und verdienen damit ihr Geld. Der Kunde erhält seine Produkte oder Dienstleistungen und zahlt dafür einen Preis, der höher als die Produktionskosten des Unternehmers ist. Der Unternehmer wiederum schafft das in der Regel nicht alleine, sondern er hat Mitarbeiter, die in seinem Auftrag die Produkte oder Dienstleistungen herstellen oder anbieten. Dadurch schafft der Unternehmer Arbeitsplätze und sichert den Mitarbeitern ihr Einkommen und ihre Existenz.

Natürlich kann andererseits durch illegale Geschäfte die Nachfrage nach Drogen befriedigt werden, und dann trifft der Glaubenssatz voll zu. Glücklicherweise ist das jedoch die absolute Ausnahme, und in aller Regel bewegen sich Unternehmer und Unternehmen im Rahmen der geltenden Gesetze.

Vor einigen Jahren hatte ich die Gelegenheit, mit George Soros persönlich zu sprechen. George Soros ist ein US-amerikanischer Investor und ist in der Forbes-Liste der reichsten Menschen der Welt aus dem Jahr 2017 auf Platz 29 mit einem geschätzten Vermögen von 25,2 Mrd. $ aufgeführt. Ich traf ihn nach seiner Rede auf einer Wohltätigkeitsveranstaltung. Er ist ein sehr beeindruckender Mensch mit einer noch beeindruckenderen Lebensgeschichte. George Soros hat sich neben seiner Investorentätigkeit zum Ziel gesetzt, die Hälfte seines Vermögens zu Lebzeiten zu spenden. So verkündete er im Jahr 2010 seine bis dato größte getätigte Einzelspende über 100 Millionen $ für die Menschenrechtsorganisation „Human Rights Watch".

Neben solchen großen Wohltätern gibt es sehr viele ganz „normale" Menschen, die mit ihrem Vermögen sehr viel Gutes tun. Deswegen ist dieser negative Glaubenssatz zu Geld falsch. Auch dieser negative Glaubenssatz kann in einen positiven Glaubenssatz umgewandelt werden. Hier mein Vorschlag:

„Geld ermöglicht Gutes."

4) Für Geld muss man hart arbeiten

Dieser Satz ist einer der hartnäckigsten und am meisten zitierten Glaubenssätze über Geld, die es gibt. Spontan sind viele Menschen sofort bereit zu sagen: „Das ist die Wahrheit." Stimmt dieser Glaubenssatz wirklich?

Zunächst einmal lohnt es sich, einen Blick auf die Definition von Arbeit zu werfen. Für viele Jahrhunderte war der Begriff „Arbeit" negativ belegt. Die Arbeit war mit Anstrengung, Last und wirtschaftlicher Not verbunden. Arbeiter waren in der unteren sozialen Schicht angesiedelt. In der Oberschicht war Arbeit verpönt und nicht vorstellbar. Erst im Laufe der letzten Jahrhunderte hat sich die Bedeutung von Arbeit mit der aufkommenden Industrialisierung in das Positive verändert: Die Arbeit wurde mit einem Arbeitseinkommen belohnt, das in vielen Fällen ein auskömmliches und sicheres Dasein ermöglichte. Gute und dauerhafte Arbeit ermöglichte es Arbeitern, bis in die neu entstandene Mittelschicht aufzusteigen. Mit dem immer größer werdenden Dienstleistungssektor kam zu der ursprünglichen Bedeutung von Arbeit als eine körperlich anstrengende Tätigkeit noch die Bedeutung als geistig herausfordernde Tätigkeit hinzu.

Lange Zeit unterschied man sehr strikt zwischen Arbeitern und Angestellten. Sowohl Arbeiter als auch Angestellte gehen aber umgangssprachlich „zur Arbeit". Das bedeutet heute klassischerweise, dass man das Haus verlässt, zur Arbeit fährt, dort 8 Stunden arbeitet und anschließend wieder nach Hause fährt. Was bedeutet Arbeit für Dich? Bewertest Du Arbeit positiv oder negativ? Ist etwas von beidem in der bzw. in Deiner eigenen Arbeit beinhaltet? Verdienst Du ausschließlich mit „Arbeit" Dein Einkommen?

In der Volkswirtschaftslehre ist die **Arbeit** in der klassischen Definition des schottischen Ökonomen Adam Smith (1723 – 1790)[9] neben dem **Boden** und dem **Kapital** einer der wichtigsten Produktionsfaktoren. Später wurde von dem französischen Ökonomen Jean-Baptiste Say (1767 - 1832) die **unternehmerische Tätigkeit** als ein weiterer Produktionsfaktor hinzugefügt. Bereits vor ca. 200 Jahren wurde also von **vier Produktions-**

---

[9] Quelle: Adam Smith „An Inquiry into the Nature and Causes of the Wealth of Nations", erschienen am 9. März 1776

faktoren gesprochen. Viele Menschen beschränken sich allerdings weitestgehend auf den Produktionsfaktor Arbeit und verdienen ihr Geld - quasi mit sich selbst - „hart". Damit werden attraktive Chancen vertan, die es ermöglichen, Geld mit Kapital und mit dem Partizipieren an unternehmerischen Tätigkeiten zu verdienen. Im weiteren Verlauf des Buches wirst Du viele Möglichkeiten kennenlernen, Geld auch außerhalb der klassischen „Arbeit" zu verdienen und Dir damit ein zweites Standbein aufzubauen.

Dann verbleiben in diesem Glaubenssatz noch die Wörter „muss" und „hart". Ich weiß nicht, wie Du darüber denkst. Aber „müssen" müssen wir nur selten etwas. Die meisten Dinge „können" wir tun oder wir tun sie nicht. Meistens haben wir diese Wahl, und oft ist uns nicht bewusst, dass wir wählen können. Oft denken wir nicht an attraktive Alternativen. „Hart" müssen wir natürlich auch nicht arbeiten – wir können hart arbeiten. Die Definition von „harter Arbeit" ist sehr individuell und wechselt auch von Zeit zu Zeit. Die harte Arbeit von heute wird morgen zur Routine und tendiert vielleicht übermorgen dazu, langweilig zu werden. Harte Arbeit ist das dann nicht mehr.

Sehr viele Menschen arbeiten auch mit viel Freude gemeinsam in den Teams an ihrer Arbeitsstelle. Diese werden sicherlich das Wort „hart" so nicht stehen lassen wollen. Das Wichtigste, das Positive ist auch hier: Wir haben die Wahl!

Wie könnte nun ein entsprechender und positiver Glaubenssatz lauten? Wie gefällt Dir meine Idee:

„Geld kann durch Arbeit, Kapitaleinsatz und unternehmerische Tätigkeiten verdient werden."?

5) Über Geld spricht man nicht

Im Verlauf dieses Buches werde ich mich auf diesen Glaubenssatz mehrfach beziehen. In vielen Fällen macht es in der Tat keinen Sinn, über Geld zu reden. Die Gefahr, dass es zu Missverständnissen, Neid, Mitleid oder Unzufriedenheit kommt, ist nicht zu leugnen.

Insbesondere im näheren Umfeld ist das Reden über Geld sinnvoll und wünschenswert. Unter Partnern oder Freunden kann ein besseres Verständnis über die ein oder andere Ansicht zum Thema Geld helfen. Gerade in einer festen Partnerschaft oder in einer Ehe ist die klare Definition von Zielen und Verantwortlichkeiten wichtig – siehe Kapitel „Geld als Beziehungskiller".

Andererseits hilft ein Gespräch mit einem vertrauenswürdigen und unabhängigen Berater in entscheidenden oder auch in schwierigen finanziellen Situationen weiter. Dazu müssen wir uns zum Teil überwinden und anderen Menschen vertrauliche Zahlen und Verhältnisse mitteilen. Die Angst davor, dass diese Offenheit und dieses Vertrauen von anderen missbraucht wird, hält uns davon ab, Rat zu suchen. Gerade dann, wenn der Ratgeber eigene Interessen oder die Interessen eines Arbeitgebers zu vertreten hat, muss das Vertrauen erst verdient werden. Eine unabhängige Beratung ohne Provisionsanreize kann - zum Beispiel bei einer Bezahlung auf Honorarbasis - das Schaffen einer Vertrauensbasis ermöglichen.

Wenn eine Vertrauensbasis in einer Partnerschaft oder mit einem Berater in Geldthemen erst einmal besteht, ist das Reden über Geld sehr hilfreich. Finanzielle Ziele setzen, Meilensteine definieren, Vermögensziele erreichen und den Nutzen daraus ziehen sind oft Ergebnisse aus Gesprächen und Beratungen.

Mein Rat: Traue Dich, über Geld zu reden! Wie wär's mit folgendem neuen Glaubenssatz:

„Geld-Gespräche ermöglichen finanziellen Erfolg."

Anhand dieser Beispiele kannst Du nachvollziehen, wie wichtig es ist, über solche negativen Glaubenssätze und Einstellungen zu Geld nachzudenken. Ich empfehle Dir folgendes **Geld-Experiment**: Nimm ein weißes Blatt Papier und einen Stift und schreibe weitere negative Glaubenssätze, die Du kennst, auf. Beantworte zu diesen Glaubenssätzen folgende Fragen:

- Welche Wirkung hat der Glaubenssatz?

- Woher kommt der Glaubenssatz?
- Wie beschränkt mich dieser Glaubenssatz in meinem Umgang mit Geld?
- Wie lautet der entsprechend positiv formulierte Glaubenssatz?
- Welche Chancen eröffnet mir der positive Glaubenssatz?

Im Ergebnis wird sich wahrscheinlich herausstellen, dass viele Glaubenssätze zu einem großen Teil nicht der Wahrheit entsprechen und sie Dich in Deinem Umgang mit Geld beschränken. Solche negativen Glaubenssätze vermitteln ein schlechtes Gewissen, wenn Du Geld verdienst, und stellen somit einen Stein auf dem Weg in Deine erfolgreiche finanzielle Zukunft dar. Wenn Du jedoch so vorgehst, wie ich es eben beschrieben habe, kannst Du diese „Steine", die Dir Deine persönliche Umgebung und die Gesellschaft vermittelt haben, aus dem Weg räumen. Dein Verhältnis zu Geld kannst Du dadurch neu und sehr positiv definieren.

Eine sehr positive Beschreibung zu dem Umgang mit Geld hat der Milliardär Aristoteles Onassis gegeben, als er sagte:

„Dem Geld darf man nicht nachlaufen, man muss ihm entgegengehen."

KAPITEL II: FINANZFITNESS – DAS BASISWISSEN

Finanzielle Bedürfnispyramide

In einer marktwirtschaftlich orientierten Wirtschaftsordnung sind die Menschen für ihre finanziellen Belange primär selbst zuständig. Lediglich wenn es nachweislich nicht gelingt, ein ausreichendes Einkommen zu erzielen, zahlt der Staat aus den Steuereinnahmen Sozialleistungen. Die Sozialleistungen ermöglichen es den Betroffenen Menschen zu überleben – große Sprünge sind mit den Sozialleistungen in aller Regel nicht möglich.

Da wir also selbst für unsere Finanzen zuständig sind, macht es Sinn, sich die eigenen finanziellen Bedürfnisse zu verdeutlichen. Denn nur, wenn Du weißt, welche Bedürfnisse und Wünsche Du hast, kannst Du diese auch erfüllen. Generell lässt sich der finanzielle Bedarf von Menschen einerseits in die absolut notwendigen Dinge und andererseits in die zusätzlichen Wünsche einteilen.

Die folgende Bedürfnispyramide gibt zunächst einen Überblick über unsere finanziellen Bedürfnisse und Wünsche:

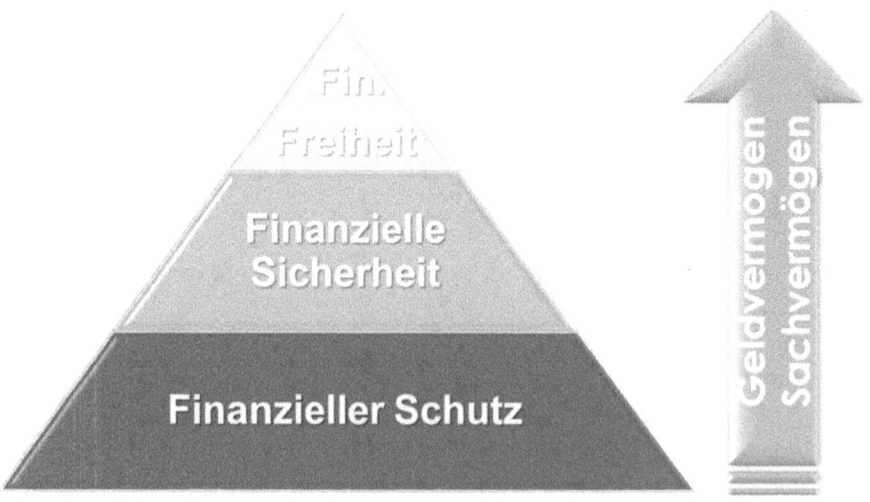

Finanzielle Bedürfnispyramide

Im Laufe eines Lebens kann es zum Beispiel ein Ziel sein, sich anhand dieser dreistufigen Pyramide von unten nach oben zu entwickeln. Gerade in jungen Jahren haben wir die Möglichkeit, mit einem sehr langen Zeithorizont über die Jahre und Jahrzehnte hinweg, Vermögen und Reserven aufzubauen. Doch was bedeuten die Ebenen der Pyramide genau?

Notwendige bzw. grundlegende Dinge fallen in die Kategorie „**Finanzieller Schutz**". Darin enthalten sind zum Beispiel die Ausgaben für Nahrungsmittel, Trinken, Wohnung, Kleidung, Möbel, Heizung, notwendige Versicherungen sowie eine ausreichende Liquiditätsreserve für die Anschaffung oder den Ersatz von notwendigen Geräten wie zum Beispiel der Waschmaschine oder dem Kühlschrank. Um alle **monatlichen Ausgaben** zu finanzieren muss ein **regelmäßiges Einkommen** vorhanden sein. Als **zusätzliche Liquiditätsreserve** empfiehlt sich das **6-fache des monatlichen Nettoeinkommens**. Ebenfalls in dieser Kategorie enthalten sind laufende und angemessene Kosten für die Freizeitgestaltung, Urlaub, etc. Auch die Beiträge zur gesetzlichen Rentenversicherung fallen in die Rubrik Finanzieller Schutz. Hier startet auch bereits der Vermögensaufbau. Wenn all diese Bedürfnisse abgedeckt und finanziert sind, genießt diese Person finanziellen Schutz - nicht mehr, aber auch nicht weniger!

Ab der nächsten Kategorie „Finanzielle Sicherheit" beginnen die zusätzlichen Wünsche und Bedürfnisse. In der Regel wird im Rahmen dieser Rubrik durch weitergehenden systematischen Vermögensaufbau die Möglichkeit geschaffen, einigen Lebenszielen näher zu kommen. Da die grundlegenden finanziellen Bedürfnisse bereits in der Kategorie Finanzieller Schutz abgedeckt sind, beginnt in diesem Teil bereits verstärkt das Anlegen und Investieren von Geld, mit dem Ziel, eine Rendite zu erwirtschaften. Im Gegensatz zu der ersten Kategorie geht es hier nicht mehr um das sinnvolle und angemessene Ausgeben eines Teils der Einnahmen zur Deckung der grundlegenden und kurzfristig zu erfüllenden Bedürfnisse. In dieser Kategorie geht es vielmehr darum, sich länger- und langfristigen Zielen zu nähern. Das Geld- und Sachvermögen sollte zum Abschluss dieser Kategorie das **12-fache des monatlichen Nettoeinkommens** betragen.

In der dritten Kategorie mit dem Namen „**Finanzielle Freiheit**" geht es darum, das Geld- und Sachvermögen konsequent und systematisch so weit aufzubauen, dass aus den Erträgen die monatlichen Kosten bezahlt werden können. Im Idealfall verbleiben nach dem Bezahlen der monatlichen Kosten noch Gelder, die einen weiteren Vermögensaufbau ermöglichen. Deswegen empfehle ich, anstatt eines Vielfachen der monatlichen Kosten, ein Vielfaches der monatlichen Nettoeinnahmen als Berechnungsgrundlage zu verwenden. Neben dem Aufbau des Vermögens an sich ist es sehr wichtig, dass in Anlageformen mit einer angemessenen und guten Rendite investiert wird. Konkrete Beispiele folgen in den nächsten Kapiteln dieses Buches.

Um es bis an die Spitze der Pyramide zu schaffen und finanziell frei zu sein, empfehle ich als langfristiges Ziel das Erreichen eines Geld- und Sachvermögens in Höhe des **240-fachen des monatlichen Nettoeinkommens**. Belaufen sich beispielsweise die monatlichen Nettoeinnahmen auf 2.500 €, dann beläuft sich das notwendige Vermögen zur Erlangung der finanziellen Freiheit auf einen Betrag von 600.000 €. Bei einer angenommenen Rendite von 5 % ergibt das, ohne Berücksichtigung von anfallenden Steuern, einen Betrag von 2.500 €. Bei einer Rendite von lediglich 4 % erhöht sich das notwendige Kapital auf 750.000 €, was dem 300-fachen des monatlichen Nettoeinkommens entsprechen würde.

In beiden Fällen ist es nicht mehr notwendig, regelmäßig zu arbeiten, da alle monatlichen Kosten, inklusive einer monatlichen Sparrate, gedeckt sind. Je nach Alter kann aus dem Kapital bei Bedarf sogar eine monatliche Auszahlung vorgenommen werden, wenn der Renteneintritt nicht mehr so weit entfernt ist. Diese Berechnungen beziehen sich auf eine Person, die noch im sogenannten „erwerbsfähigen Alter" ist, also noch nicht das Rentenalter erreicht hat. Im Rentenalter reduziert sich das benötigte Kapital, da dann meist eine gesetzliche Rente und evtl. betriebliche und private Renten bezahlt werden. Natürlich ist es in der Praxis so, dass viele finanziell freie Menschen weiterhin in einem gewissen Umfang arbeiten, doch dazu später mehr.

Hand aufs Herz! Was ist Dein Ziel? Arbeitest Du an dem finanziellen Schutz? Oder bist Du bereits auf dem Weg zur finanziellen Sicherheit? Jeder Mensch muss für sich selbst entscheiden, welchen Weg er gehen möchte – je früher er sich entscheidet desto besser und desto einfacher wird es, die Ziele zu erreichen.

Genau das schauen wir uns im nächsten Kapitel an.

Je oller desto toller? Das Lebens- und Geldphasenmodell

Anhand des sogenannten Lebens- und Geldphasenmodells lässt sich ein idealisierter Verlauf von Vermögen und Schulden über die verschiedenen Lebensphasen hinweg darstellen. Bevor ich auf die einzelnen Phasen dieses Modells eingehe, möchte ich noch einige Anmerkungen dazu machen:

- Bei diesem Modell wird davon ausgegangen, dass es sich um eine gutverdienende Familie mit Kindern handelt, die eine selbst genutzte Immobilie erwirbt.
- Deine individuelle Lebens- und Finanzlage kann davon abweichen.
- Es sind bewusst keine Zahlen angegeben, da jede persönliche Finanzlage unterschiedlich ist und unterschiedlich beurteilt werden muss.
- Zum Beispiel erhält man für 300.000 € auf dem Land ein großzügiges Ein- oder Zweifamilienhaus, während in einer größeren Stadt für den gleichen Betrag lediglich eine kleinere Eigentumswohnung erworben werden kann.
- In der sogenannten Erwerbs- und Familienphase bin ich davon ausgegangen, dass neben der selbstgenutzten Immobilie noch weiteres Vermögen angespart wird, zum Beispiel für den Aufbau eines Wertpapiervermögens über einen monatlichen Sparvertrag.

Der Vorteil eines solchen Modells ist, dass Du Dich sofort selbst mit Deiner individuellen Lebens- und Finanzlage einordnen kannst. Gleichzeitig erleichtert eine solche Grafik und das Wissen über die Lebens- und Geldphasen Deine individuelle Planung.

Die nachfolgende Grafik stellt das Lebens- und Geldphasenmodell dar:

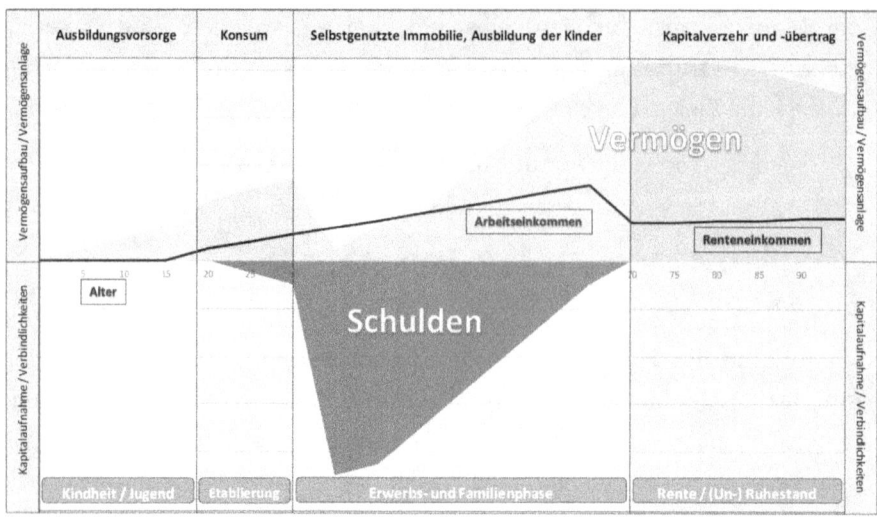

Lebens- und Geldphasenmodell

Wie sind diese Lebens- und Geldphasen zu bewerten?

Während der **Kindheit und Jugend** beginnt ein vorsichtiger Vermögensaufbau – in aller Regel durch die Eltern und / oder die Familie. Im Idealfall wird hier schon für eine mögliche Ausbildungs- oder Studienphase durch die Familie vorgesorgt und Kapital aufgebaut.

In der sogenannten **Etablierungsphase** steht das Suchen und Finden einer eigenen Positionierung und des eigenen persönlichen Lebenswegs im Vordergrund eines jeden Menschen. Die erste eigene Wohnung wird bezogen, eine Partnerschaft beginnt, es wird konsumiert, ein Auto gekauft etc. Im optimalen Fall ist bereits genügend Arbeitseinkommen vorhanden, um den Konsum mit möglichst wenig oder gar keinen Schulden bezahlen zu können.

Anschließend beginnt die längste Phase, die sogenannte **Erwerbs- und Familienphase**. Beruflich wird Gas gegeben, das Einkommen steigt, und eventuell wird eine Familie gegründet. Für die selbstgenutzte Immobilie wird eine Immobilienfinanzierung aufgenommen. Da das Arbeitseinkommen ansteigt, können im Laufe der Jahre durch Sondertilgungen und die laufenden Tilgungen die Schulden deutlich reduziert werden. Parallel dazu wird die Ausbildung der Kinder sowie der Führerschein und Co. bezahlt. Da es sich um eine sparsame Familie handelt, wird trotz des normalen Lebensstandards nicht das gesamte Einkommen verbraucht. Über die Jahre hinweg wird zusätzlich ein Wertpapierdepot mit einem langfristigen Anlagehorizont über einen monatlichen Wertpapier-Sparvertrag aufgebaut. Die sinkenden Schulden, die stabilen bis leicht steigenden Immobilienpreise und die über die Jahre steigenden Aktienkurse führen zu einem steigenden Nettovermögen (= Vermögen – Schulden).

Während der **Rentenphase** profitiert die Familie von dem weiterhin vernünftigen Umgang mit Geld und kann die Differenz zwischen den beiden Nettogehältern und den niedrigeren Nettorenten (= Vorsorgelücke) durch zusätzliche Einnahmen aus Kapitalerträgen und durch monatliche Auszahlungen aus dem bestehenden Vermögen zum Teil ausgleichen. Insgesamt haben die Eheleute somit fast 65 % der Nettogehälter monatlich im Rentenalter zur Verfügung. Trotz aller Vorsorgemaßnahmen müssen die Rentner mit um 35 % reduzierten Einnahmen auskommen. Aufgrund der abbezahlten und selbstgenutzten Immobilie muss keine Miete gezahlt werden, und somit ist die finanzielle Situation der Eheleute in Ordnung. Wenn alles gut geht, können sie sogar daran denken, den Kindern zu gegebener Zeit das Haus im Rahmen einer Schenkung zu übertragen.

An diesem Beispiel erkennt man, dass es, trotz teilweiser idealer Bedingungen und einem vorbildlichen Sparverhalten, zu einem deutlichen Rückgang der Einnahmen im Rentenalter kommen kann. Deswegen ist es sehr sinnvoll, sich im Vorfeld Gedanken über seine Lebensziele und die damit einhergehenden Finanzziele zu machen, und dadurch „FinanzFit" zu werden. Die Alternative wäre, den Zufall oder die von anderen vorgegebenen Glaubenssätze darüber entscheiden zu lassen, ob Du finanziell erfolgreich bist oder finanziell scheiterst.

Wie sieht es aber aus, wenn keine FinanzFitness aufgebaut werden kann?

Fehlende FinanzFitness

Bereits in der Einleitung wurde dargestellt, dass viele Menschen keine oder eine zu geringe Finanzbildung haben. Einerseits ist **Finanzbildung** eine **Bringschuld** der Gesellschaft, die von der Schule oder den Eltern erbracht werden kann bzw. erbracht werden sollte. In Teilbereichen wird in der Schule Finanzwissen vermittelt, wie beispielsweise in den Fächern Politik und Wirtschaft oder in Mathematik. Die Lehrpläne, die die Basis für den Schulunterricht darstellen, geben diesem wichtigen Thema dennoch zu wenig Raum. Nur in Einzelfällen wird das von den Schulen erkannt und nur teilweise wird mithilfe von (hoffentlich unabhängigen) externen Experten zusätzliche Finanzbildung vermittelt. Schüler sind also mit ihrem in der Schule vermittelten Wissen nicht ausreichend auf ein selbständiges und erfolgreiches Erledigen wichtiger finanzieller und wirtschaftlicher Notwendigkeiten vorbereitet. Lediglich die Schulen in Baden-Württemberg haben eine erste Antwort parat – siehe Einleitung.

Diese Lücke in der Finanzbildung wird auch von den meisten Eltern nicht geschlossen. Geld ist im Elternhaus oftmals kein Thema. Viele Eltern haben Angst davor, dass Kinder beispielsweise die Frage stellen: „Wieviel verdient ihr denn?" Mit einem Gehaltseingang von z.B. 1.875 Euro netto können viele Kinder nichts anfangen. Ist das viel? Ist das wenig? Sind wir arm? Sind wir reich? Was verdienen die Eltern meiner Freunde? Eine gute Möglichkeit, solchen Fragen aus dem Weg zu gehen, ist das Thema Finanzbildung nicht anzusprechen. Als Ergebnis schaffen wir es als Gesellschaft nicht, Finanzbildung als Bringschuld einzulösen.

Andererseits ist **Finanzbildung** auch eine **Holschuld**. Dazu gibt es eine ganze Menge von Angeboten bei Volkshochschulen, Industrie- und Handelskammern, regionale Seminarangebote, Schulungen und Webinare im Internet, YouTube-Videos und natürlich die Angebote der GeldSchule. Bei Jugendlichen können auch die Eltern einen wichtigen Anstoß geben. Natürlich ist dann noch längst nicht gesagt, ob ein solches Angebot angenommen wird. Finanzthemen gelten bei Jugendlichen durchaus auch als langweilig und uncool. Erwachsene sind an dieser Stelle manchmal nicht viel besser. In meiner Seminar- und Beratungspraxis erlebe ich jedoch auch sehr offene und wissensdurstige Jugendliche und Erwachsene.

Wenn der Entschluss gefasst wurde, FinanzFit zu werden, macht die Umsetzung Spaß!

Oft wird gesagt, dass Menschen rational sind. Das stimmt auch. Zumindest oft! Wir setzen uns nicht hinter das Lenkrad eines Autos und fahren drauflos, sondern besuchen zunächst die Fahrschule, legen eine theoretische Fahrprüfung ab, lassen uns von ausgebildeten Fahrlehrern in Fahrstunden das Autofahren beibringen und legen zu guter Letzt die praktische Fahrprüfung ab. Erst dann kennen wir alle Verkehrsregeln und haben ausreichend Übung um alleine im Straßenverkehr bestehen zu können.

Im Wintersport stürzen wir uns als Anfänger nicht auf Skiern den nächstmöglichen Hang hinunter, sondern gehen zunächst in die Skischule. Auch hier wird uns alles Notwendige beigebracht und erst anschließend versuchen wir alleine und ohne gebrochene Knochen die Piste hinunter zu fahren.

In Geldangelegenheiten jedoch sind wir alles andere als rational! Bevor man sich mit dem Thema Finanzbildung beschäftigt und sich konkrete Pläne und Ziele zurechtlegt, wird oft planlos agiert. Mietverträge werden unterschrieben, zum Teil mit Warmmieten über 50 % des Monatseinkommens, Konsumgüter werden finanziert, Autos geleast, Girokonten überzogen, das Kreditkartenlimit ausgereizt oder Immobilienfinanzierungen mit ganz geringen Sicherheitspuffern abgeschlossen. Erst wenn nichts mehr geht oder eine niedrige Rente droht, überlegen wir, was wir besser machen können - wenn es nicht schon bereits zu spät ist!

> **FinanzFitnessTipp Wissen:** Investiere Zeit und Wissen zu Finanzen in Dich und Deine finanzielle Zukunft!

Ausgabenarmut - Unkontrollierter Konsum

Kennst Du das Bild von den drei Affen, die nichts sehen, nichts hören und nichts sagen? „Ja natürlich!" wirst Du vielleicht gerade denken – „Was aber haben die drei Affen mit unkontrolliertem Konsum zu tun?" Wir verschließen oft unsere Sinne und wehren uns nicht, wenn die komplette Marketingindustrie tagtäglich zeigen will, dass wir das Produkt A, B oder C unbedingt brauchen und sofort kaufen müssen. Es gibt viele Menschen, die sich über Produkte und Dinge definieren: Der schicke Wagen vor der Haustür, der letzte All-Inclusive-Urlaub, die Größe des UHD Flat Screen-Fernsehers, die teure Markenkleidung etc. Es ist völlig normal, sich Dinge zu kaufen, die man nicht braucht oder sich nicht leisten kann. Oder beides zusammen. Und es gibt ja so viele Entschuldigungen wie zum Beispiel: „Das ist ein Schnäppchen, das kann ich mir leisten, der Kaufpreis wird erst in einem Monat abgebucht, ich zahle keine Zinsen, im November gibt es Weihnachtsgeld, im Mai gibt es Urlaubsgeld, ich habe bald Geburtstag, jetzt denke ich einmal nur an mich, die anderen haben es auch, warum warten, danach geht es mir wieder besser, ich kann mein Kreditlimit erhöhen, es sind ja nur 20 € im Monat, wenn nicht jetzt, wann dann?"

Die Konsumfalle

In der Tat müssen wir uns ab und zu etwas gönnen und das Leben genießen. Aber besser doch in Maßen und ohne unsere Zukunft zu gefährden. Probiere es doch mal aus. Sage bei dem nächsten Angebot: Nein, heute kaufe ich es mir nicht. Wenn ich morgen der Meinung bin, dass ich das wirklich brauche, komme ich einfach wieder und kaufe es dann. Du wirst sehen, dass es Dich stolz macht, nicht sofort zugeschlagen zu haben, und am nächsten Tag wird der Drang, das neue Angebot zu kaufen, deutlich geringer sein. Oder denke an Deine finanziellen Ziele, wenn Du schon welche hast – doch dazu später mehr.

Hier sind ein paar Zahlen, die nachdenklich stimmen:

- Während des sogenannten „Black-Friday-Wochenendes" im November 2016 wurde alleine über den Online-Vertriebsweg in Deutschland ein Umsatz von 1,25 Milliarden € erzielt. Dies ist eine Steigerung von knapp 20 % gegenüber dem Vorjahr.
- Alleine an dem 25. November 2016, dem „Black Friday", stieg die Anzahl der Bonitätsanfragen bei der Wirtschaftsauskunftei Bürgel um knapp 50 % gegenüber einem durchschnittlichen Freitag an.[10]
- In den vergangenen 15 Jahren ist der sogenannte GfK-Konsumklima-Index deutlich nach oben gegangen. Dies bedeutet, dass die Deutschen sehr stark konsumieren.
- Innerhalb von sechs Jahren hat sich der Umsatz mit deutschen Kreditkarten mehr als verdoppelt.

Kontrollierter und zielgerichteter Konsum ist gut. Wie aber kann der unkontrollierte Konsum vermieden werden? Ganz einfach: durch Kontrolle. Mit einer Kombination von Kontrolle und Disziplin einerseits und Finanzbildung andererseits kommt es erst gar nicht zu einem unkontrollierten Konsumverhalten.

An dieser Stelle möchte ich Dich zu einem weiteren **Geld-Experiment** einladen: Berechne aus Deinem monatlichen Nettoeinkommen und Deiner monatlichen Arbeitszeit Deinen Nettostundenlohn. Verdient ein Arbeitnehmer beispielsweise das in Deutschland durchschnittlich gezahlte Bruttogehalt von 3.133 € für eine Vollzeitstelle[11], dann erhält er netto nach allen Abzügen etwa 2.200 €. Bei einer 40-Stunden-Woche

---

[10] Pressemitteilung der Wirtschaftsauskunftei Bürgel vom 30.11.2016

[11] Das Medianentgelt aller Vollzeitbeschäftigten in Deutschland lag gemäß Angaben der Bundesagentur für Arbeit im Jahr 2016 bei 3.133 Euro. Angaben nach Berufsgruppen und Regionen sind im Internet in dem sogenannten Entgeltatlas veröffentlicht (https://entgeltatlas.arbeitsagentur.de/entgeltatlas/).

bedeutet das einen Nettostundenlohn von 13,75 €. Nun kannst Du den Preis für einen neuen Fernseher in Höhe von 1.500 € durch den Nettostundenlohn von 13,75 € teilen. Das Ergebnis von 109 bedeutet, dass Du für den Fernseher 109 Stunden arbeiten musst. Du kannst jetzt die gleiche Rechnung für verschiedene Ausgaben anstellen. Für kleinere und regelmäßige Ausgaben empfehle ich Dir, den Jahresbetrag zu verwenden. Der arbeitstägliche leckere Cappuccino mit XXL-Topping in der Mittagspause bei einem Coffeeshop kostet dann, bei 220 Arbeitstagen und einem Einzelpreis von 4,19 €, jährlich 921,80 €. Das bedeutet, dass Du für den Kaffeegenuss 67 Stunden im Jahr arbeiten musst. Mit Hilfe dieses Geldexperimentes kannst Du bei einigen Ausgaben für Dich selbst entscheiden, ob die jeweilige Ausgabe den geleisteten Einsatz Deiner Arbeitszeit rechtfertigt.

Zusätzlich kann hier noch berücksichtigt werden, wie die Rechnung aussehen würde, wenn Du den jeweiligen Betrag nicht ausgegeben, sondern gespart hättest. Das schauen wir uns später an.

FinanzFitnessTipp Konsum: Sei kein Sklave der Konsumgesellschaft! Lasse Dich nicht verführen! Du entscheidest, wann Du genug konsumiert hast!

Ausgabenarmut - 0 %-Finanzierung. Glaubst Du auch, dass eine 0 %-Finanzierung kostenlos ist? Es hört sich ja auch so schön an: Du gehst in ein Geschäft und möchtest Dir einen Fernseher kaufen. Da Du für diesen Fernseher kein Geld übrig hast, möchtest Du diesen über eine 0 %-Finanzierung bezahlen. Das ist wunderbar: Du hast kein Geld, zahlst keine Zinsen und hast dennoch die Möglichkeit einen preiswerten Ultra HD-Fernseher zu kaufen und schon heute Abend ein ganz neues Fernseherlebnis zu genießen. Soweit die Theorie. Die Praxis sieht leider anders aus. In der Tat schließt Du mit einer Bank einen Kreditvertrag ab und zahlst dafür keinen Euro Zinsen. Lediglich der exakte Kaufpreis wird von Dir beispielsweise in zwei Jahren zurückgezahlt. Somit ist das schön bequem und Du hast kein schlechtes Gewissen. Schließlich bezahlst Du den gleichen Preis, als ob Du keinen Kredit in Anspruch nehmen und den Fernseher bar bezahlen würdest – denkst Du. Allerdings hat der Elektronikhändler mit der Bank einen Vertrag abgeschlossen. In diesem kann festgelegt sein, dass der Händler für den 0 %-Kredit eine Vergütung an die Bank bezahlt oder er eine solche von der Bank erhält. Und wer bezahlt letztendlich diese Vergütungen? Natürlich Du, da Du schließlich mit Deinen monatlichen Raten den Kaufpreis bezahlst, den der Händler von der Bank sofort nach Abschluss des Kreditvertrages erhält. In diesem Kaufpreis ist oft ein überhöhter Gewinn des Händlers enthalten. Somit zahlst Du zwar keine Zinsen, aber über die Vergütung bezahlst Du einen zum Teil deutlich höheren Preis als bei einer Barzahlung bei dem preiswertesten Händler.

Wenn Du Konsumschulden absolut nicht verhindern kannst, nimm lieber einen Konsumentenkredit mit der gewünschten Laufzeit auf und bezahle niedrige Zinsen. Wenn Du dann im Internet lediglich den besten Preis für Deinen Fernseher bezahlst, sparst Du meistens deutlich mehr Geld, als Du für die Zinsen ausgibst. Zusätzlich trittst Du als Barzahler auf, und es erscheint bei den Auskunfteien kein (weiterer) Konsumentenkredit. Zu viele Konsumentenkredite vermindern Deine Bonität. Eine geringere Bonität kann die Aufnahme auch von guten Schulden verteuern oder sogar verhindern.

Bei einer 0 %-Finanzierung können Dir weitere Nachteile entstehen, die auf den ersten Blick nicht ersichtlich sind. Hierüber informieren auch regelmäßig die Verbraucherzentralen[12].

> **FinanzFitnessTipp 0 %-Finanzierung**: Vermeide Konsumschulden! Konsumschulden schränken Dich in der Zukunft ein und reduzieren Deine Bonität.

---

[12] Siehe zum Beispiel Artikel „Null-Prozent-Finanzierung" von verbraucherzentrale.de unter folgendem Link: https://www.verbraucherzentrale.de/null-prozent-finanzierung

Das Gesetz der Verschwendung – Zweites Parkinson'sches Gesetz

Unkontrolliertes Konsumieren wurde bereits vor vielen Jahren wissenschaftlich untersucht. In diesem Zusammenhang ist das sogenannte „Zweite Parkinson'sche Gesetz" aus dem Jahr 1979 besonders interessant. Der britische Soziologe Cyril Northcote Parkinson formulierte das Gesetz der Verschwendung wie folgt:

> **„Ausgaben steigen stets bis an die Grenzen des Einkommens."**

Übertragen auf die Situation eines Arbeitnehmers bedeutet dies, dass selbst bei einem über die Jahre steigenden Einkommen (Gehalt) die Ausgaben proportional steigen. Im Laufe einer beruflichen Karriere werden meist die Gehaltserhöhungen oder Sonderzahlungen komplett ausgegeben und konsumiert.

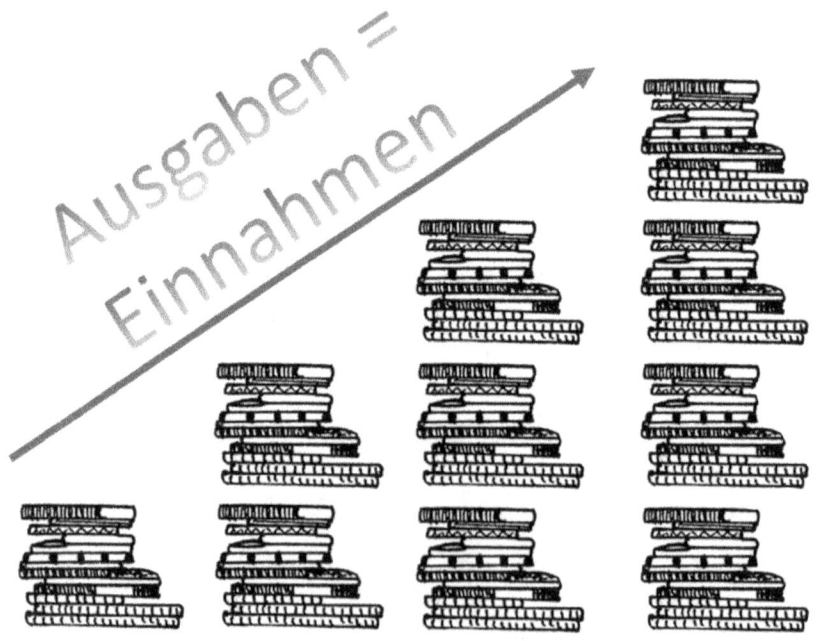

Zweites Parkinson´sches Gesetz – Höhere Einnahmen
werden wieder ausgegeben

Dies kann zur Folge haben, dass ein Arbeitnehmer (mit einem niedrigen Gehalt) genauso wie ein leitender Angestellter (mit einem hohen Gehalt) am Monatsende kein Geld mehr auf dem Konto hat. Auch hier lässt sich feststellen, dass wir mit Geld irrational umgehen. Rational gesehen müsste von jeder Gehaltserhöhung zumindest ein gewisser Prozentsatz zum Sparen oder Investieren verwendet werden, da wir schließlich nicht automatisch mehr Hunger haben oder sich sonstige Grundbedürfnisse automatisch erhöhen. Tatsache ist: Wir haben genauso viel Hunger wie vorher, und wir brauchen auch keine größere Wohnung nur, weil wir eine Gehaltserhöhung bekommen haben. Da aber jeder von uns eine „geheime" Wunschliste im Gehirn abgespeichert hat, wird diese bei jedem zusätzlichen Euro auf dem Konto abgefragt und geprüft, welche dieser Wünsche endlich erfüllt werden können. Das Schöne dabei ist, dass wir die zusätzlichen Ausgaben quasi sofort mit dem „Mehr" an Geld auf dem Konto entschuldigen können. Das schlechte Gewissen ist so automatisch ausgeschaltet, und wir freuen uns über neue, schönere, bessere, modernere, effizientere Dinge.

Wie Du weiter oben gelesen hast, ist es darüber hinaus auch möglich, die Ausgaben überproportional zu den Einnahmensteigerungen zu erhöhen. Das bedeutet nichts anderes als das kontinuierliche **Vernichten von Vermögen**, da jeden Monat unter dem Strich weniger übrigbleibt. Wenn beispielsweise immer wieder größere Investitionen wie ein Fernseher oder ein Auto über eine 0 %-Finanzierung getätigt werden, wird es richtig unschön: Dein monatlich zur Verfügung stehendes Nettoeinkommen sinkt, und Du verlierst immer mehr die Kontrolle über Deine eigenen Finanzen.

Wenn Du diese Vorgehensweise bei jeder zusätzlichen Einnahme wählst, wird nie ausreichend Geld zum Sparen oder Investieren vorhanden sein. Das ist auch die Erklärung dafür, dass „Einkommens-Reichtum" noch längst nicht „Vermögens-Reichtum" bedeutet.

Im Ergebnis lässt sich feststellen, dass **erfolgreicher Vermögensaufbau** nicht allein eine Frage des Einkommens, sondern insbesondere auch **eine Frage des Spar- und Konsumverhaltens** ist. Dies zeigt auch eine Sonderauswertung der Einkommens- und Verbrauchsstichprobe des Statistischen Bundesamtes durch das Forschungsinstitut empirica aus dem Jahr 2015, die in Zusammenarbeit mit LBS Research erstellt wurde[13]. Untersucht wurden Mieter und Wohnungseigentümer im Alter zwischen 50 und 59 mit einem monatlichen Haushaltsnettoeinkommen zwischen 1.700 € und 2.300 €. Das Nettovermögen der Wohnungseigentümer war im Vergleich zu dem Nettovermögen der Mieter fast sechsmal so hoch. Die Auswertungen haben ergeben, dass aufgrund der jahrelangen Zahlung von hohen und regelmäßigen Zinsen und Tilgungen die Wohnungseigentümer auf hohe Konsumausgaben verzichteten und sogar zusätzlich sparten. Wenn nach 10 oder 15 Jahren aufgrund eines niedrigeren Kreditvolumens und niedrigeren Zinses (zumindest in den vergangenen Jahren) bei einer Anschlussfinanzierung die monatlich zu zahlenden Kreditraten sanken, wurde das mehr zur Verfügung stehende Kapital nicht ausgegeben, sondern gespart. Neben der größtenteils entschuldeten Immobilie besaßen die Wohnungseigentümer noch ein erhebliches Geldvermögen. Die Wohnungseigentümer haben sich nicht entsprechend dem zweiten Parkinson'schen Gesetz verhalten und somit ihr Vermögen deutlich vergrößert.

Ob Wohnungseigentümer oder nicht: Durchbreche das Gesetz der Verschwendung und mache es Dir zur Regel, jede Gehaltserhöhung oder jede sonstige außerordentliche Einnahme zu 50 % zur Seite zu legen, so kannst Du Kapital zum Sparen und Investieren aufbauen. Wenn Dir 50 % sehr hoch erscheinen, denke bitte immer daran, dass Du schließlich noch vor einigen Wochen ohne die zusätzlichen Gelder ausgekommen bist. Denke einfach nicht an das Geld, das Dir weniger zur Verfügung steht, sondern freue Dich zukünftig jeden Monat über ein wachsendes Vermögen. Jeder Euro Vermögenszuwachs schafft Dir zusätzliche Unabhängigkeit und Freiheit. Wenn Du ganz konsequent sein willst, kannst Du natürlich auch 100 % von Gehaltserhöhungen und außerordentlichen Einnahmen sparen oder investieren.

---

[13] Zusammenfassung der Ergebnisse:
https://www.lbs.de/presse/p/lbs_research/details_4302724.jsp

FinanzFitnessTipp Verschwendung: Durchbreche das Gesetz der Verschwendung! Mache es Dir zur Regel, jede Gehaltserhöhung oder jede sonstige außerordentliche Einnahme zu 50 % zur Seite zu legen. Spare oder investiere den Betrag. Jeder Euro Vermögenszuwachs verschafft Dir zusätzliche Unabhängigkeit und Freiheit.

Finanzschock

Gemäß einer Untersuchung des Statistischen Bundesamtes aus dem Jahr 2016[14] sind unplanbare Änderungen der Lebensumstände eine der häufigsten Ursachen für Verschuldung und Überschuldung. Diese führt im Endergebnis oft dazu, dass die Betroffenen eine Schuldnerberatung aufsuchen müssen. Die häufigsten Gründe sind Arbeitslosigkeit, Scheidung oder Trennung sowie gesundheitliche Probleme. Diese gravierenden Einschnitte sind nicht planbar und nicht vorhersehbar. Wer plant zum Beispiel schon bei der Heirat die eigene Trennung? Okay, vereinzelt soll das auch schon vorgekommen sein, die Regel ist das glücklicherweise nicht. Neben den persönlichen Folgen dieser Einschnitte gibt es auch gravierende finanzielle Folgen. Diese bezeichne ich als Finanzschocks.

Mit Finanzschocks rechnet keiner und niemand wünscht sie sich und anderen. Geplant werden kann jedoch eine finanzielle Vorsorge, die auch solche unerwarteten und gravierenden Ereignisse teilweise berücksichtigt. Dazu kann analog der weiter oben beschriebenen finanziellen Bedürfnispyramide vorgegangen werden. Durch diese Vorsorge können zumindest die finanziellen Folgen (wenn auch nicht die gesundheitlichen und emotionalen Folgen) abgemildert werden. Zu dieser vorausschauenden Maßnahme und der konkreten Ausgestaltung ist wiederum Finanzbildung nötig.

> **FinanzFitnessTipp Finanzschock:** Sorge vor! Schaffe Dir eine finanzielle Reserve!

---

[14] Pressemitteilung des Statistischen Bundesamtes destatis vom 1. Juli 2016 – 226/16; Link: https://www.destatis.de/DE/PresseService/Presse/Pressemitteilungen/2016/07/PD16_226_635pdf.pdf?__blob=publicationFile

Geld als Beziehungskiller?

„Wenn es um das Geld geht, hört die Freundschaft auf."

So lautet eine bekannte Redewendung. Nicht nur in einer Freundschaft ist das so. Wie gerade beschrieben, kann eine Scheidung oder Trennung bei den Ex-Partnern zu einem Finanzschock führen.

Diskussionen über Geld können in Partnerschaften sehr heftig und verletzend sein. Gemäß einer im Jahr 2013 in den USA veröffentlichten Langzeitstudie[15] von Sonya Britt vom Lehrstuhl „Personal Financial Planning" der „Kansas State University" sind Paare, die bereits am Anfang ihrer Beziehung viel über Geld diskutieren und streiten, am stärksten von einer Trennung bzw. Scheidung bedroht. Das Ergebnis beschreibt Sonya Britt wie folgt:

„In the study, we controlled for income, debt and net worth. Results revealed it didn't matter how much you made or how much you were worth. Arguments about money are the top predictor for divorce because it happens at all levels."

Die Teilnehmer der Studie wurden nach ihrem Einkommen, ihren Schulden und ihrem Nettovermögen befragt. Unabhängig von dem bisher erzielten Einkommen oder dem aktuellen Nettovermögen waren das Diskutieren und **Streiten über Geld** der **Hauptindikator für eine Trennung** bzw. Scheidung.

Gemäß mehreren Umfragen ist Geld das Streitthema Nummer eins bei Paaren. Du kannst sicher aufgrund Deiner Erfahrung aus Deinem di-

---

[15] Die Studie wurde durchgeführt im Rahmen der „National Survey of Families and Households"; ein ausführlicher Artikel zu diesem Thema wurde auf der Webseite der Kansas State University veröffentlicht: http://www.k-state.edu/media/newsreleases/jul13/predictingdivorce71113.html

49

rekten Umfeld nachvollziehen, dass in Beziehungen auch Geld eine wichtige Rolle spielt und es oftmals ein Grund für eine Trennung darstellt.

Unterschiedliche Ansichten über Geld sind lediglich ein Grund für einen häufigen Streit. Hier hilft es, die Ziele und Erwartungen beider Partner zu definieren und auszutauschen. Aus beiden unterschiedlichen Zielen und Erwartungen lassen sich oftmals gemeinsame formulieren. Dazu kann das, bereits im Vorwort erwähnte, Rechentool FinanzFitnessCheck, gemeinsam mit den noch folgenden Buchinhalten, dienen.

Eine weitere wichtige Ursache für einen Streit über das Thema Geld ist die Tatsache, dass das Geld nur stellvertretend für andere grundlegende Schwierigkeiten in der Beziehung ist. Hier kann es zum Beispiel darum gehen, wer das Sagen in der Beziehung hat oder wer sich von wem abhängig fühlt.

Klare Absprachen, das Eingehen auf die Wünsche und Vorstellungen des anderen und das Arbeiten an gemeinsamen Plänen und Zielen (nicht nur bei Geldthemen) können dabei helfen, **aus** dem **„Beziehungskiller"** einen **„Beziehungskitt"** zu **machen**.

> **FinanzFitnessTipp Beziehung:** Definiere mit Deinem Partner / Deiner Partnerin gemeinsame finanzielle Ziele und Pläne. Der Spaß am gemeinsamen Weg und die Freude über das Erreichen der Ziele ist „Beziehungskitt".

Einkommensarmut

Im Gegensatz zu der Ausgabenarmut liegt der Grund für die Einkommensarmut in fehlendem oder nicht genügend vorhandenem Einkommen. Beispielsweise gibt es ein vorhandenes Einkommen aufgrund eines bestehenden Arbeitsverhältnisses. Das Gehalt, das hieraus erzielt wird, reicht allerdings nicht aus, um die laufenden Ausgaben zu decken. Wenn selbst normale und notwendige Ausgaben nicht mehr bewältigt werden können, spricht man von der Einkommensarmut.

Die jüngsten Zahlen aus dem Armuts- und Reichtumsbericht des Bundesministeriums für Arbeit und Soziales[16] zeigen eine beunruhigende Entwicklung der letzten Jahre. Zwar ist aufgrund der stabilen wirtschaftlichen Entwicklung ein deutlicher Anstieg der durchschnittlichen Einkommen in Deutschland zu verzeichnen, aber die Mieten und die Verbraucherpreise sind gleich bzw. überproportional angestiegen. Gleichzeitig arbeiten immer noch viele Menschen für einen Stundenlohn von unter 10 €. Weiterhin steigt die Zahl der Empfänger von staatlichen Leistungen an. Viele Menschen können trotz vorhandener Arbeit ihre Rechnungen nicht bezahlen und leben an der Armutsgrenze.

Neben zu hohen Ausgaben und Finanzschocks wird ein **zu geringes Einkommen** als **eine der Hauptursachen von Armut** meiner Meinung nach nicht ernst genug genommen. Wenn jemand von Einkommensarmut betroffen ist, hat er langfristig nur noch eine sehr geringe Chance, in die Mittelschicht aufzusteigen oder dort zu verbleiben. Einkommensarmut kann sich auch ganz langsam entwickeln: Steigende Ausgaben (zum Beispiel Mietsteigerung, kreditfinanziertes zweites Auto etc.) treffen zeitlich zusammen mit einem Wechsel des Arbeitsplatzes – beispielsweise aufgrund einer betriebsbedingten Kündigung durch den Arbeitgeber. Es kann eventuell zwar ein neues Arbeitsverhältnis abgeschlossen werden. Dieses generiert möglicherweise ein niedrigeres Gehalt und/oder hat eine zeitliche Befristung. Zu den steigenden Kosten und dem niedrigeren Gehalt kommt nun noch die Unsicherheit dazu, ob nach Auslauf des bestehenden Arbeitsvertrages ein Folge-Arbeitsvertrag abgeschlossen werden kann. Eine Lösung in einer solchen Situation ist oftmals das Annehmen eines weiteren Jobs.

Hast Du in Deinem Umfeld Freunde, Bekannte oder Verwandte, die zwangsweise einen Zweitjob annehmen müssen, da das Einkommen aus dem ersten Job nicht mehr ausreicht? Fehlendes Geld bei einem 40 Stun-

---

[16] Armuts- und Reichtumsbericht des Bundesministeriums für Arbeit und Soziales. Stand August 2017:
http://www.bmas.de/DE/Service/Medien/Publikationen/a306-5-armuts-und-reichtumsbericht.html;jsessionid=F7F17C858D0E75F2F9937468AF8ED75F

den-Job frustriert bereits. Wenn aber der Zwang besteht, einen schlecht bezahlten zweiten Job zu machen, der keinen Spaß macht, dann ist „Schluss mit lustig"! Ganz wichtig ist an dieser Stelle, dass es sich hier nicht um das Erschließen einer zusätzlichen Einkommensquelle aus freien Stücken handelt. Im Gegenteil geht es hier um den Zwang mehr Geld zu verdienen, um einer Verschuldung zu entgehen.

Vollkommen anders sieht die Lage aus, wenn es darum geht, sich aus einer Position der Stärke heraus, ein zweites finanzielles Standbein aufzubauen. Dies ist freiwillig und bringt die Menschen den eigenen Zielen näher. Darauf komme ich später noch einmal zurück.

> **FinanzFitnessTipp Einkommensarmut:** Prüfe neben einer möglichen Reduzierung von Ausgaben auch die Erhöhung von Einnahmen - siehe Kapitel „Einnahmearten". Versuche, möglichst schnell aus der Zwangssituation herauszukommen!

Die Armutsformel

Die letzten Themen, wie z.B. „Das Gesetz der Verschwendung" oder „Einkommensarmut", beschrieben bereits die Ergebnisse des falschen Umgangs mit Geld. Um das Thema auf den Punkt zu bringen, habe ich die „Armutsformel" entwickelt. Was hat aber eine Armutsformel in einem Buch über systematischen Vermögensaufbau zu suchen? Nun die Antwort ist klar: Wenn Du weißt, wie Du arm werden kannst, weißt Du auch, wie Du reich werden kannst.

Wie aber lautet denn nun die Armutsformel? Die Formel ist die logische Konsequenz aus den oben beschriebenen Hauptursachen der Armut und lautet:

Unwissen + Planlosigkeit + Nichtstun = Armut

Armut ist altersunabhängig und kann jeden treffen - unabhängig von dem Geschlecht, der finanziellen Situation im Elternhaus, mit oder ohne Migrationshintergrund. Einfach jeden. Wenn zum Beispiel die Eltern wenig Geld haben, aber darauf achten, dass sie ihr Finanzwissen an die Kinder weitergeben, gibt es gute Chancen, dass die Kinder - finanziell gesehen – einen guten Weg einschlagen. Andererseits ist ein 30-jähriger Erbe eines Millionen-Vermögens oder ein glücklicher Lotto-Millionär **ohne Finanzbildung** und ohne ein entsprechendes Interesse geradezu dazu prädestiniert, innerhalb weniger Jahre **das Millionen-Vermögen** zu **pulverisieren**. In diesem Fall kommen aus der Armutsformel die Bestandteile Unwissen und Planlosigkeit zum Tragen. Der Punkt Nichtstun trifft insoweit zu, als dass nichts zum Erhalt und zur Vermehrung des Vermögens getan wird. Im Gegenteil wird einiges getan, um das Vermögen aufzubrauchen.

Besonders brisant kommt die Armutsformel dann zum Tragen, wenn sich Menschen Monat für Monat und Jahr für Jahr gerade so finanziell über Wasser halten, zum Beispiel indem jährliche Gehaltssteigerungen oder Einmalzahlungen immer weiter steigende Ausgaben gerade so kompensieren können. Wurde nie gelernt, wie man zum finanziellen Erfolg kommt, dann fangen die Schwierigkeiten spätestens mit dem Eintritt in das Rentenalter an. Da kein Finanzplan vorhanden ist, ist oftmals im vornherein gar nicht bekannt, dass die Einnahmen aus der gesetzlichen Rente, einer möglichen Betriebsrente oder sonstigen Einnahmen keinesfalls an die Einnahmen während des aktiven Arbeitslebens heranreichen werden. Spätestens jetzt kommt das böse Erwachen: Die Einnahmen sinken und die Ausgaben bleiben in gleicher Höhe erhalten. Und schon sitzt man in der Armutsfalle und ist von staatlichen Unterstützungen abhängig, obwohl eine lückenlose Erwerbsbiografie vorliegt.

FinanzFitnessTipp Armutsformel: Denke immer an die Armutsformel, wenn Du vor einer wichtigen finanziellen Entscheidung stehst. Prüfe, ob Deine Entscheidung Dich ein Stück näher in die Armut führt oder ob sie Dich in Richtung Deines finanziellen Erfolges bringt!

Einnahmearten

Viele Menschen kennen nur eine Einnahmeart. Gemeint ist das Einkommen aus Arbeit. Weniger bewusst machen wir uns die Tatsache, dass wir jenseits des Arbeitseinkommens mehrere Möglichkeiten haben, Geld zu verdienen. Sogar das Finanzamt kennt sieben Einnahmearten. Diese Unterschiede sind aber hier nicht gemeint. Vielmehr geht es hier um die Art und Weise, auf die die Einnahmen erzielt werden.

Aktive Arbeit im wahrsten Sinne des Wortes

Aktive Einnahmen. Diese Einnahmenart ist in unserer Gesellschaft die „klassische Arbeit". Du gehst jeden Tag zu demselben Arbeitgeber und erledigst denselben Job. Teilweise gibt es auch unterschiedliche Tätigkeiten oder Einsatzorte und unterschiedliche Arbeitszeiten. Immer öfter sind im klassischen Angestelltenverhältnis projekthafte Arbeiten vorzufinden. Egal in welchem Beruf Du tätig bist – ob als Handwerker, Arbeiter oder Angestellter –, aktive Einnahmen werden dadurch erzielt, dass **Arbeit und Zeit gegen Geld** getauscht werden. Ein Arbeitsvertrag regelt die abzuleistenden Stunden und die Höhe des Gehaltes. Zunächst einmal wird das Gehalt immer dann gezalt, wenn die vereinbarte Arbeitszeit abgeleistet worden ist. Die eigentliche Leistung bzw. das Arbeitsergebnis hängt zunächst einmal nicht direkt mit der Höhe des Gehaltes zusammen. Lediglich bei dauerhaftem Nichterfüllen der Anforderungen kann es Auswirkungen auf das Gehalt geben.

Seit einigen Jahren nehmen **erfolgsabhängige Gehaltsbestandteile** immer weiter zu. Teilweise werden in Unternehmen neben zwölf oder 13 Gehältern sogenannte Bonuszahlungen gezahlt, die in aller Regel sowohl mit dem Ergebnis des gesamten Unternehmens als auch mit der eigenen Leistung zusammenhängen. Das einfachste für den Unternehmer ist es hier, alle Mitarbeiter gleich zu behandeln und im Falle eines erfolgreichen Jahres allen Mitarbeitern einen festen Betrag als Erfolgsbeteiligung auszuschütten. Je mehr die individuelle Leistung zum Tragen kommt, desto komplizierter werden Beurteilungssysteme und Berechnungsformeln für die Belohnung. Je komplizierter solche Systeme werden, desto mehr Diskussionen können diese bei den Mitarbeitern auslösen. Meistens werden solche Belohnungen in einer Höhe von 5 % - 10 % des Jahresbruttogehaltes gezahlt.

Ob Festgehalt oder Festgehalt mit variablen Bestandteilen - eines bleibt: Du tauschst Deine Zeit gegen Geld. Jeden Tag stehst Du auf und arbeitest für jemand anderen, Deinen Chef oder den Chef Deines Chefs. Wenn Deine Kollegen und Du gute Arbeit leisten und das Unternehmen Gewinne erzielt, wird das Arbeitsverhältnis fortgesetzt, wenn nicht, muss Personal abgebaut werden. Die **Vorteile der aktiven Einnahmen** sind folgende: Die Arbeitszeit ist fest geregelt und das Gehalt steht fest. Nach dem Ableisten der täglichen Arbeitszeit hast Du normalerweise Freizeit. Somit gibt es klare und eindeutige Regelungen.

Leider gibt es auch **Nachteile der aktiven Einnahmen**. Zunächst begibst Du Dich in eine klare finanzielle Abhängigkeit von einem Unternehmen. Weiterhin verdient das Unternehmen Deines Chefs an Dir beispielsweise pro Monat 100 % und leitet davon 60 % in Form Deines Bruttogehaltes inklusive der zusätzlichen Sozialleistungen weiter. Andersherum ausgedrückt finanzierst Du mit Deiner Arbeit die Einnahmen Deines Chefs mit. Wenn Du Dich nun entscheidest, Deinen Arbeitsvertrag zu kündigen und Deine Arbeit einzustellen, erhältst Du auch kein Gehalt mehr. Das ist soweit auch logisch, da Du keine Aktivität mehr erzeugst. Wenn Du aktive Einnahmen erzielst, befindest Du Dich oft in einem

Hamsterrad, das sich von Jahr zu Jahr schneller dreht. Aufgrund Deiner finanziellen Abhängigkeit und der guten alten Gewohnheit, die Dinge so zu tun wie sie sind, denkst Du auch gar nicht mehr darüber nach, etwas zu verändern. Du musst ja schließlich arbeiten, sonst kannst Du Deine Miete nicht bezahlen. Wenn Du parallel dazu Deine finanziellen Verpflichtungen aus schlechten Schulden (siehe Kapitel Schuldenarten) erfüllen musst, bist Du mehrfach abhängig.

In vielen Fällen denkst Du gar nicht darüber nach, ob es anders ginge, ob Du Dein Leben verändern könntest, denn es war halt schon immer so und wird bis zur Rente so bleiben. Oder doch nicht? Hast Du schon einmal darüber nachgedacht, Deine **Abhängigkeit** zumindest zu **verringern**? Gibt es Dinge, die Du gerne machst und die Du eventuell verkaufen kannst? Ich will hier keinesfalls dazu aufrufen, morgen Deinem Chef die Kündigung zu überreichen, sondern lediglich anregen, darüber nachzudenken, ob das was ist, immer so bleiben muss wie es ist.

FinanzFitnessTipp Aktive Einnahmen: Wenn Du Dich mit aktiven Einnahmen wohl fühlst, aber mit der Höhe nicht zufrieden bist, überprüfe diese darauf hin, ob Du sie erhöhen kannst. Dies geht zum Beispiel über ein Gespräch zu einer Gehaltserhöhung mit dem Chef oder auch über das Annehmen eines Nebenjobs in einem Bereich, der Dir am meisten Spaß macht.

Passive Einnahmen. Die enge Definition von passiven Einnahmen bedeutet, dass Du einmal Arbeit und Zeit investierst und anschließend laufende Erträge in regelmäßiger oder unregelmäßiger Höhe erhältst. Wenn Dir irgendjemand erzählt, dass es passive Einnahmen gibt, die Du ohne vorheriges Arbeiten erzielen kannst, dann ist das eine Lüge. Du kannst sehr zufrieden sein, wenn Du ein Produkt oder eine Dienstleistung herstellen oder liefern kannst und nach einer beispielsweise drei- oder sechsmonatigen Investition von Zeit und Geld regelmäßige Erträge erzielen kannst, ohne weiter an diesem Produkt oder dieser Dienstleistung arbeiten zu müssen. In der Realität musst Du damit rechnen, dass Dein Produkt oder Deine Dienstleistung weiterhin zumindest etwas Arbeit machen wird. Hierbei geht es um den Vertrieb, die Lieferung, das Update und Erneuern von Produkten oder Dienstleistungen. Jedes Produkt hat einen bestimmten Lebenszyklus. Am Anfang dieses Zyklus muss viel getan werden, um das Produkt bekannt zu machen und die Vorteile darzustellen. Die ersten Kunden kommen und sind im Idealfall von dem Produkt begeistert und empfehlen es weiter. Nun kommen mehrere Kunden und das Produkt wird bald zum Selbstläufer. In diesem Idealfall ist eine Aktivität erst dann wieder erforderlich, wenn die Absatzzahlen rückläufig sind und Du Dir Gedanken machen musst, ob das Produkt noch zeitgemäß ist. Eventuell kann bereits mithilfe einer Produktaktualisierung oder erst mit einem neuen Produkt an die guten Verkaufszahlen angeschlossen werden. Natürlich kann auch alles viel länger dauern und weniger idealtypisch verlaufen.

In dem Kapitel Schuldenarten werde ich eine **vermietete Immobilie** ansprechen, die mit Schulden finanziert wurde. Auch bei einer solchen Investition ist zunächst Arbeit und Zeit notwendig: verschiedene Immobilienangebote müssen gesichtet werden, Besichtigungstermine werden vereinbart und es finden Gespräche mit Maklern statt. Dieser Prozess muss einige Male durchlaufen werden, bis die richtige Immobilie gefunden ist. Anschließend geht es an die Preisverhandlungen mit dem jetzigen Eigentümer, die Festlegung von Arbeiten, die vor dem Kauf erledigt werden müssen, Gespräche mit dem Steuerberater und Rechtsanwalt, um dann schließlich vor dem Notar den Kaufvertrag abschließen zu können. Nachdem der Kaufpreis gezahlt wurde und die Rechte und Pflichten auf die neuen Eigentümer übergegangen sind, fängt die Arbeit erst richtig an. Nachdem die Mieter über den Eigentümerwechsel informiert wurden, müssen notwendige Instandhaltungsmaßnahmen durchgeführt werden, Versorgungsverträge überprüft werden, Gespräche mit den Mietern stattfinden. Einnahmen und Ausgaben müssen geplant und verbucht werden, Nebenkostenabrechnungen erstellt werden usw. Nun fragst Du Dich zu Recht, warum um alles in der Welt das passive Einnahmen sein sollen? Ziel der passiven Einnahmen ist eine anfängliche Investition in Arbeit, Zeit und Geld, um anschließend mit einem geringen Zeit- und Arbeitsaufwand Einnahmen erzielen zu können. Anhand des Beispiels der vermieteten Immobilie investierst Du neben dem Kaufpreis mit entsprechender Kreditfinanzierung 6-12 Monate einer intensiven anfänglichen

Projektphase, um dann mit 5-8 Stunden Arbeit pro Woche regelmäßige Einnahmen zu erhalten. Du kannst natürlich auch eine Hausverwaltung engagieren, die alles für Dich erledigt. Die Kosten für die Hausverwaltung reduzieren zwar Deine Einnahmen, aber neben regelmäßigen Gesprächen mit der Hausverwaltung entstehen für Dich (fast) keine weiteren notwendigen Aktivitäten. Dadurch fließen dann die Einnahmen unabhängig von Deiner Präsenz oder Aktivität. Du kannst Dich also getrost in den Süden begeben und am Strand liegen. Spannend ist natürlich die Frage, welche passiven Einnahmearten es gibt.

Neben der bereits dargestellten vermieteten Immobilie kannst Du passive Einnahmen durch automatisierte Produktverkäufe, Lizenzeinnahmen, **Zinsen**, **Dividenden**, Vergabe von Krediten an Privatpersonen, Affiliate Marketing (Empfehlungsmarketing), **Vermarkten von digitalen Produkten** (eBooks, Videos etc.) erzielen. Je nach Aktivität variiert die zu erbringende Arbeit zu Beginn oder während der Vermarktung teilweise sehr stark. Nun ja, zu viel am Strand zu liegen ist ja auch ungesund, und die „eierlegende Wollmilchsau" ist doch auch nur eine Legende. Fakt ist, dass Du Dir **über passive Einnahmen** das **Leben vereinfachen** kannst.

Zum Abschluss dieses Abschnittes gebe ich Dir ein Beispiel aus meinen Aktivitäten, passive Einnahmen zu erzielen: Ich startete im Winter 2014/2015 den Versuch, mit einem Nischenthema passive Einnahmen zu erzielen, indem ich aus meiner Familie die besten Original spanischen Paella-Rezepte sammelte. Da ich selbst passionierter Paella-Koch bin, konnte ich alle meine praktischen Erfahrungen einfließen lassen und beschrieb in einem E-Book den Weg zur perfekten Paella vom Einkauf bis zum Genuss! All das hat sehr viel Spaß gemacht, und es wurde von mir abends und am Wochenende geschrieben, zusammengestellt, korrigiert, verändert, optimiert, dass Cover kreiert, mich mit verschiedenen Datenformaten herumgeschlagen, usw. Parallel dazu erstellte ich die Webseite www.paella-abc.de. Dann lud ich das von mir geschriebene E-Book "Das Paella-ABC" bei einem bekannten Online-Buchhändler hoch und legte einen Preis von 2,99 € fest. Seit diesem Zeitpunkt erhalte ich von den Buchumsätzen monatliche passive Einnahmen. Von diesen Einnahmen kann ich unter keinen Umständen leben, aber ich freue mich jeden

Monat darüber, dass ich für eine einmalige Arbeit monatlich mit einem kleinen Zubrot belohnt werde. Dies zeigt, dass passive Einnahmen für jeden möglich sind. Welche passiven Einnahmen kommen für Dich in Frage? Wenn Du einmal damit angefangen hast, willst Du sicher Schritt für Schritt mehr erreichen wollen. Gut so!

FinanzFitnessTipp Passive Einnahmen: Informiere Dich über passive Einnahmen. Suche Dir eine Betätigung aus, die Dir Spaß macht, die Dich herausfordert und mit der Du passive Einnahmen generieren kannst. Probiere es einfach aus, fange klein an und TUE ES!

Sparen, Investieren und Diversifizieren

Sparen. Sparen heißt, darauf zu verzichten, das verfügbare Geld heute auszugeben, und es anschließend zum Beispiel in einer Spardose oder einem Konto zu sammeln. Das Sparen stellt eine grundlegende Voraussetzung für Deine FinanzFitness dar:

Ohne Sparen läuft nichts!

Egal mit wie viel Geld Du pro Monat anfängst, Hauptsache Du fängst überhaupt an! Im weiteren Verlauf des Buches werde ich noch deutlicher darauf eingehen, wie wichtig das Sparen ist und mit welchen Mitteln Du Dir das Sparen wesentlich vereinfachen kannst. Doch zurück zur Definition des Sparens: Du betreibst Konsumverzicht und buchst das Geld beispielsweise auf ein Sparkonto um.

Ohne Sparen geht´s nicht

In dem aktuellen Umfeld sehr niedriger Zinsen kannst Du die Zinsen vernachlässigen. Ob Du nun fast 0 % Zinsen erhältst oder 0 % ist weniger wichtig als das **systematische Sparen** an sich. In einem normalen Zinsumfeld erhältst Du Dein Geld zusammen mit einem zeitanteiligen Zins, den Dir die Bank zahlt, zurück. Damit ist es sicher, dass Du einen im Voraus berechenbaren Geldbetrag bekommst. Dies ist ein wichtiger Unterschied zu dem Investieren von Geld - siehe unten.

Zu beachten ist, dass momentan die Inflation – also die jährliche Geldentwertung – größer als die Zinsen auf dem Sparbuch ist. Schauen wir uns dies an einem Beispiel an: Als treuer Kunde Deiner Bank erhältst Du auf Deinem Festgeldgeldkonto 0,25 % Zinsen pro Jahr. Die Inflation beträgt 1,75 % pro Jahr. Damit stehen sich ein Wertzuwachs von + 0,25 % und ein Wertverlust von – 1,75 % pro Jahr gegenüber. Die Rechnung ist dann ganz einfach: Du erzielst einen Verlust von 1,50 % pro Jahr (0,25 % minus 1,75 % = - 1,50 %). Die Zahlen in diesem Beispiel bedeuten, dass Du mit einer sehr sicheren Anlage den realen Gegenwert Deines Geldes nicht erhalten kannst. Wenn diese Situation über einige Jahre andauern würde, hättest Du einen deutlichen Verlust. Was nun? Doch nicht sparen? Es bringt ja nichts? Nein, Du sollst auf jeden Fall **jeden Monat systematisch und konsequent sparen**, denn andernfalls kannst Du Dir kein Finanzpolster aufbauen, das es Dir ermöglicht, größere oder unerwartete Ausgaben zu tätigen. Darauf komme ich später noch zurück.

FinanzFitnessTipp Sparen: Überlege Dir, was Dir wichtiger ist: Dinge oder Deine FinanzFitness, die nichts Anderes als die Freiheit in Deiner Zukunft bedeutet! Spare, egal wie hoch oder niedrig die Zinsen sind! Spare mindestens 20 % Deines Nettoeinkommens!

Investieren. Im Gegensatz zum Sparen ist bei dem Investieren der Ertrag bzw. Gewinn im vornherein unsicher. Du investierst also in eine Anlageform oder in eine Geschäftsidee und weißt nicht, ob Du mit dieser Investition einen Gewinn oder einen Verlust erzielen wirst. Warum um alles in der Welt sollst Du also die Katze im Sack kaufen? Die Antwort ist ganz einfach: Da Du vorher die Anlageform oder die Geschäftsidee sehr gut geprüft hast, bist Du Dir sicher, dass der Gewinn bzw. die Rendite deutlich über der Verzinsung von Sparprodukten liegen. Es stellt sich also die Frage, ob Du 0,25 % sichere Verzinsung oder beispielsweise 8 % Verzinsung bevorzugst. Die Antwort liegt auf der Hand. Allerdings ist zu beachten, dass aufgrund des mit dem Investieren verbundenen Risikos nicht immer 8 % positive Verzinsung erzielt werden, sondern Du mit einer gewissen Wahrscheinlichkeit auch einen Verlust von 20 % einkalkulieren musst. Die sofortige Schlussfolgerung daraus ist:

Investiere nur das Geld, dass Du nicht zum Lebensunterhalt brauchst.

Damit ist es wichtig, zuerst ein definiertes Sparziel erreicht zu haben, dann eine definierte Summe für eine Investition angespart zu haben und erst dann eine Investition zu tätigen. **Investieren folgt dem Sparen!** Wie ein solches Sparziel konkret von Deiner finanziellen Situation abgeleitet werden kann, werde ich später beschreiben.

Weiter oben habe ich dargestellt, dass die Aufnahme von Schulden für eine vermietete Immobilie eine gute Investition ist. Dies ist kein Widerspruch zu der Aussage, dass Investieren dem Sparen folgt, da bei einer Immobilienfinanzierung ein Eigenkapital von in der Regel 20 % des Kaufpreises zuzüglich der Nebenkosten notwendig ist. Dieses Eigenkapital musst Du Dir ansparen. Andernfalls wird Dir keine Bank ein entsprechendes Darlehen vergeben. Es gibt – wie immer – eine Ausnahme: Wenn Du bereits mehrere Immobilienfinanzierungen hast und durch entsprechende Tilgungen ein unbelasteter Immobilienwert vorliegt, wird dieser als Eigenkapital angerechnet und Du brauchst das Eigenkapital nicht in Geld zu hinterlegen. Je mehr unbelastetes und gut gemanagtes vermietetes Immobilienvermögen vorliegt, desto besser können neue Projekte innerhalb oder außerhalb des Immobilienbereiches finanziert werden. Eine gute Investition ermöglicht weitere Investitionen. Die Kehrseite der Medaille ist natürlich, dass schlechte Investitionen Deine Möglichkeiten, weitere Investitionen vorzunehmen, verringern. Das ist ein sehr spannendes Thema, über das bereits gute Bücher geschrieben sind.

FinanzFitnessTipp Investieren: Investiere erst, wenn Du ausreichend gespart hast. Suche Dir Investitionsmöglichkeiten, die eine deutlich höhere Rendite versprechen als das Sparen.

Diversifizieren. Neben Immobilien gibt es viele weitere attraktive Investitionsmöglichkeiten: Aktien, Edelmetalle, festverzinsliche Wertpapiere, Währungen, aktiv von einem Fondsmanager gemanagte Fonds, passive Fonds, Immobilienfonds, geschlossene Fonds, Kunst, Schmuck, Unternehmensbeteiligungen und viele weitere. Das gleichzeitige Nutzen von verschiedenen Anlageformen wird Diversifizieren genannt.

Jede einzelne der genannten Investitionsmöglichkeiten hat ein unterschiedliches Chancen- und Risikoprofil. Als Käufer von Aktien profitierst Du beispielsweise von einer guten wirtschaftlichen Entwicklung bei der jeweiligen Aktiengesellschaft, an der Du Dich durch den Kauf von **Aktien** beteiligst. Weiterhin sind niedrige Zinsen positiv für den Aktienmarkt. Unternehmen können in einer Niedrigzinsphase Investitionskredite zu geringen Kosten aufnehmen. Durch die niedrigeren Kosten steigt der Gewinn der Aktiengesellschaft. Als Folge von beiden dargestellten Einflussfaktoren steigen die Aktienkurse, und Dein Gewinn in Deinem Depot steigt mit. Möchtest Du hingegen in festverzinsliche Wertpapiere investieren, schaden Dir niedrige Zinsen. Anstatt beispielsweise 5 % Zinsen pro Jahr kannst Du aktuell lediglich ca. ein Prozent Zinsen vereinnahmen.

An diesem Beispiel wird klar, dass ein niedriges Zinsniveau zwar einerseits für die Investitionen in Aktien positiv, aber andererseits für den Kauf von festverzinslichen Wertpapieren negativ ist. Somit können die Risiken einer Anlageform durch die Chancen einer anderen Anlageform kompensiert werden. Dieser Effekt wird als Diversifikationseffekt bezeichnet.

Ein weiteres Beispiel für den Diversifikationseffekt zeigt sich bei dem Blick auf einen **Aktienfonds**. In einem solchen Aktienfonds sind in aller Regel viele verschiedene Aktien enthalten. Wenn eine in dem Fonds vertretene Aktie aufgrund von unternehmensspezifischen negativen Entwicklungen 10 % des Wertes verliert, wird der Kurs des Aktienfonds nur ganz gering negativ beeinflusst. Der Grund dafür ist eine relativ geringe

Gewichtung der einzelnen Aktie von zum Beispiel 4 % am gesamten Kurswert des Aktienfonds. Wenn Du in diesem Aktienfonds 5 % Deines Vermögens investiert hast, ist der Anteil des Kursverlustes der einzelnen Aktie noch geringer.

Im Vergleich zu der Investition in eine einzelne Aktie reduzieren Fonds entsprechend Risiken.

Eine Sonderform der Aktienfonds sind die sogenannten „**Exchange Traded Funds**", kurz ETFs genannt. Diese Aktienfonds werden an der Börse gehandelt - im Unterschied zu den klassischen Aktienfonds, die über die Fondsgesellschaft gekauft und verkauft werden. Zu den wichtigsten Vorteilen der ETFs gehört der Kostenvorteil: Es gibt keinen Ausgabeaufschlag (lediglich die Differenz zwischen Ankauf- und Verkaufskurs ist zu berücksichtigen), und die meisten ETFs berechnen eine deutlich geringere Verwaltungsvergütung im Vergleich zu klassischen Fonds. Durch diese Kostenvorteile eignen sich ETFs besonders gut für Fondssparpläne und den Aufbau von kleineren und mittelgroßen Depots. ETFs bilden oft Aktienindizes nach. Damit erzielst Du mit ETFs oft Renditen, die in der Nähe der Wertentwicklung des entsprechenden Aktienindexes liegen. Einerseits ist dies ein Vorteil, da es ausgeschlossen ist, dass Du eine deutlich geringere Rendite im Vergleich zu dem Aktienindex erzielst. Andererseits ist dies ein Nachteil, da ein Übertreffen der Rendite des Aktienindexes sehr unwahrscheinlich ist.

Nach den Berechnungen des Deutschen Aktieninstituts hat ein Anleger, der 1966 in **Aktien** großer deutscher Unternehmen investiert und diese bis Ende 2016 gehalten hat, eine **Rendite** von durchschnittlich 8,3 % pro Jahr erzielt. Selbst bei dem Kauf von Aktien im Jahr 2006 und einem anschließenden Verkauf im Jahr 2016 beträgt die durchschnittliche Rendite trotz der in diesem Zeitraum stattgefundenen Finanzkrise immer noch 5,7 % pro Jahr[17]. In diesen Berechnungen ist die Wiederanlage von Divi-

---

[17] Quelle: Deutsches Aktieninstitut e.V., www.dai.de

denden, die die Unternehmen an die Aktionäre ausgeschüttet haben, bereits enthalten. **Diese Zahlen zeigen, dass es gerade für den langfristigen Vermögensaufbau sinnvoll ist, auch in Aktien zu investieren.** Bei einem langfristigen Anlagehorizont können zwischenzeitliche Verlustphasen über die Jahre mehr als ausgeglichen werden.

Ein weiterer Vorteil einer Investition in Aktien liegt in der Möglichkeit des schnellen Ankaufs und Verkaufs: Im Vergleich zu Immobilien kannst Du Aktienengagements sehr schnell und kostengünstig eingehen und diese wieder auflösen. Das Wort Immobilien kommt schließlich aus dem lateinischen „im-mobilis" - dies ist gleichbedeutend mit dem deutschen Wort „unbeweglich".

FinanzFitnessTipp Diversifizieren: Setze nicht alles auf eine Karte! Investiere im Zeitverlauf gerade bei einem kontinuierlich steigenden Vermögen in mehrere Anlageklassen wie zum Beispiel Aktien, festverzinsliche Wertpapiere, Edelmetalle und Immobilien und nutze die unterschiedlichen Chancen- und Risikoprofile.

Schuldenarten

Wenn Du Schulden hörst, an was denkst Du dann? Wie sind Deine Gefühle? Fühlst Du Dich schlecht bei dem Wort Schulden? Denkst Du an die Verpflichtung, Geld zurückzahlen zu müssen? Denkst Du an die schönen Dinge, die Du Dir aufgrund des Kredites kaufen konntest? Bitte merke Dir diese Gedanken und Gefühle für den weiteren Verlauf dieses Kapitel.

Vielen Menschen ist nicht bewusst, dass es zwei wichtige Arten von Schulden gibt: Schlechte Schulden und gute Schulden. Vielleicht denkst Du gerade darüber nach, ob es wirklich gute Schulden geben kann. Ja, die gibt es. Bevor ich Dir die guten Schulden schildere, schauen wir uns die schlechten Schulden an.

Schlechte Schulden oder gute Schulden – das ist hier die Frage!

Schlechte Schulden. Wie ich weiter oben beschrieben habe, ist unkontrollierter Konsum oft eine Ursache des finanziellen Scheiterns. Verschärft wird diese Entwicklung, wenn der Konsum nicht aus dem eigenen Vermögen bezahlt werden kann, sondern mit schlechten Schulden finanziert werden muss. Diese Schuldenart kann Dir, wenn es ganz schlimm kommt, finanziell gesehen, das Genick brechen. Schlechte Schulden sind alle Schulden, die aufgenommen werden, um Konsumgüter zu kaufen, die Du Dir nicht als Barzahlung leisten kannst. Konsumgüter sind Güter, die eine begrenzte und kurze Nutzungsdauer aufweisen. Am Ende dieser Nutzungsdauer sind diese Güter defekt und/oder haben keinen wirtschaftlichen Wert mehr. Meistens richtet sich die Laufzeit eines Konsumentenkredites nach der Nutzungsdauer des Konsumgutes. Beispielsweise sollte der **Konsumentenkredit**, der für den Kauf eines Handys aufgenommen wurde, nicht länger als zwei oder drei Jahre abbezahlt werden müssen. Nach dieser Zeit ist das Handy vielleicht noch nicht defekt, aber der Wiederverkaufswert liegt in der Nähe von null Euro.

Der Vorteil eines Konsumentenkredites ist, dass Du Dir Produkte kaufen kannst, die Du Dir ohne diesen Kredit nicht leisten kannst. Damit sind wir aber auch bereits bei dem Nachteil dieser schlechten Schulden: **Du bezahlst jeden Monat für etwas, was jeden Monat weniger wert ist.** Aber es kommt noch schlimmer. Die gekauften Konsumgüter sind oft mit Folgekosten verbunden, bei dem Handy zahlst Du beispielsweise 20 € für einen Flat-Tarif.

Wenn Du Dir ein Auto auf Kredit kaufst, musst Du jeden Monat mehrere 100 € für den Kredit aufwenden. Dazu kommen die laufenden Kosten wie Kraftstoff, Versicherung, Steuer und Reparaturen. Kaufst Du Dir einen Neuwagen, verliert dieser neue Wagen in den ersten fünf Jahren oft 50 % des Kaufpreises. Dieser Wertverlust ist größer als der Betrag, den Du für die Tilgung des Kredites aufwendest. Müsstest Du nach fünf Jahren Dein Auto verkaufen, wäre der Verkaufspreis niedriger als der ausstehende Restkredit. Somit würdest Du einen Verlust realisieren.

Das Wort Auto fängt mit „Aaaah" an und hört mit „Ooooh" auf

Finanziell gesehen ist eine Kreditaufnahme für einen Urlaub das Schlimmste. Du genießt eine dreiwöchige All-Inclusive-Kreuzfahrt durch die Karibik und hast für Deinen Partner / Deine Partnerin und Dich einen Kredit von insgesamt 10.000 € oder mehr aufgenommen. Nach drei Wochen kehrst Du völlig entspannt und erholt aus dem Urlaub zurück und hast unvergessliche Erlebnisse eingesammelt, die Dir keiner nehmen kann. Das stimmt. Das dicke Ende kommt nun aber noch – Du musst beispielsweise in den nächsten drei Jahren jeden Monat gut 300 € bezahlen. Damit hat Dich der Urlaub nicht 10.000 € (Barzahlung) sondern etwa 11.000 € (Rückzahlung Kredit 10.000 € plus Zinsen) gekostet.

Die Gefahr besteht, dass neben einem Handy, einem Auto oder einem Urlaub noch weitere Dinge finanziert werden und spätestens nach einigen Jahren die Schuldenfalle zuschnappt.

FinanzFitnessTipp Schlechte Schulden: Vermeide schlechte Schulden! Bei schlechten Schulden handelt es sich um **„Zwangs-Nachsparen"** im Gegensatz zu dem **„Freiwilligen Vorsparen"** bei dem Sparen auf einen Gegenstand hin.

Da dies einer der wichtigsten FinanzFitnessTipps ist, empfehle ich Dir dringend: Schlechte Schulden sind zu vermeiden, und wenn Du bereits welche hast, sollten diese, so schnell es geht, auf null Euro reduziert werden.

Gute Schulden. Sowohl schlechte Schulden als auch gute Schulden müssen getilgt werden und haben meist einen Zins, der bezahlt werden muss. Der große Unterschied zwischen beiden Schuldenarten liegt darin, dass **schlechte Schulden Kosten** mit sich bringen, während **gute Schulden Erträge** produzieren. Andersherum ausgedrückt, lassen gute Schulden Dein Vermögen größer und schlechte Schulden kleiner werden. Was ist Dir lieber? Wir sind uns einig, dass es doch besser ist, wenn das Vermögen größer wird.

Die klassische Form der guten Schulden ist eine Immobilienfinanzierung zum Erwerb einer vermieteten Immobilie. Hier werden einerseits Zinsen und Tilgung bezahlt und andererseits Mieteinnahmen generiert. Wenn nun die Mieteinnahmen höher als die Zinsen und die Tilgung sind, erhöht sich jeden Monat Deine Liquidität auf dem Konto. Besonders interessant ist die Finanzierung von **vermieteten Immobilien**, da bei der Rückzahlung des Kredites einer rentablen Immobilie die Zinsen und die Tilgung nicht von Dir, sondern von den Mietern über die Miete gezahlt werden. Weiterhin reduziert die Tilgung zwar Deine monatliche Liquidität, aber dadurch, dass die Tilgung Deine Restschuld verringert, stellt diese eine Sparleistung dar. Dieses „systematische Sparen" wird oft unterschätzt. Sehr wichtig ist auch, dass dadurch jeden Monat nicht nur das Immobiliennettovermögen (Immobilienwert minus Restschuld), sondern damit auch Dein gesamtes Nettovermögen zunimmt.

Jetzt fragst Du Dich sicher, warum ich bis jetzt noch nicht auf die **selbst genutzte Immobilie** eingegangen bin. Die finanzierte und selbst genutzte Immobilie produziert eigentlich, gemäß der eng ausgelegten Definition, schlechte Schulden. Da die Immobilie selbst genutzt wird, erwirtschaftet diese keine Mieteinnahmen. Somit müssen die Zinsen, die Tilgung, Renovierungen und Umbauten aus der eigenen Tasche, also dem eigenen Einkommen, gezahlt werden. Es steht also null zu eins für die guten Schulden. Andererseits nutzt Du selbst die Immobilie und musst keine Wohnung anmieten, in der Du wohnst. Die selbst genutzte Immobilie verhindert also Mietkosten. Wenn die verhinderten Mietkosten auf Basis der Kaltmiete größer sind als die Summe von Zins und Tilgung, hast Du einen monatlichen Liquiditätsvorteil. Jetzt steht es eins zu eins. Wie wir oben gesehen haben, stellt die monatliche Tilgung ein Zuwachs des Nettovermögens dar. Nach dieser Betrachtung hast Du bereits einen positiven Effekt, wenn die verhinderte Miete größer ist als die monatliche Belastung durch die Zinszahlung und Rücklagenbildung. Aufgrund der momentan weiterhin niedrigen Zinsen wird das meist der Fall sein – zwei zu eins für die Zurechnung zu den guten Schulden. Statistiken beweisen zudem, dass Menschen, die in einer eigenen Immobilie wohnen, deutlich seltener von Altersarmut betroffen sind als die, die zur Miete wohnen. Ein Grund dafür ist, dass die Finanzierung und der Erhalt einer selbstgenutzten Immobilie an sich bereits ein zusätzliches Sparmotiv darstellen. Hier verweise ich auf meine oben gemachten Ausführungen zu dem Gesetz der Verschwendung. Da es jetzt drei zu eins steht, zähle ich die Schulden, die für eine selbst genutzte Wohnimmobilie aufgenommen werden, zu den guten Schulden.

Immobilien – ein wichtiger Vermögensbaustein

Neben Immobilien gibt es weitere Vermögensgegenstände, die ich mit guten Schulden finanzieren kann. Beispiele sind der Kauf eines Unternehmens bzw. die **Beteiligung an einem Unternehmen**. Bedingung hierbei ist, dass dieses Unternehmen mit einer hohen Sicherheit Erträge produziert, die an Dich ausgeschüttet werden können. Aber es muss ja nicht gleich der Kauf eines ganzen Unternehmens oder die persönliche Beteiligung an einem Unternehmen sein, sondern es gibt bei Aktiengesellschaften eine ganz einfache Art und Weise der Unternehmensbeteiligung und das ist der Kauf einer Aktie. Mit dem Kauf einer oder mehrerer **Aktien** bist Du ebenfalls an einem Unternehmen beteiligt und kassierst in Form der Dividende einen prozentualen Anteil an den Unternehmensgewinnen – wieder vorausgesetzt, es gibt Gewinne zu verteilen. Ganz klar möchte ich an dieser Stelle sagen, dass die Beteiligung an einem Unternehmen entweder über eine direkte Beteiligung oder über den Kauf von Aktien in Verbindung mit einer entsprechenden Finanzierung wesentlich riskanter ist als der Kauf von Immobilien. Aktien, die an einer Börse notiert sind, können zum Teil stark schwanken und im schlimmsten Fall auf null sinken. Wenn diese Aktien kreditfinanziert gekauft wurden, ist der Depotwert im schlimmsten Fall null Euro und der Kredit muss trotzdem in voller Höhe abgetragen werden. Dennoch sollten Aktien zu einem angemessenen Anteil in einem gut strukturierten Vermögen berücksichtigt werden – siehe Kapitel „Diversifizieren".

Nicht verschweigen möchte ich, dass auch bei Immobilien durch die Aufnahme einer Baufinanzierung **Risiken** bestehen. Zuerst gibt es auch bei Immobilien das Risiko, dass diese im Preis sinken können. Gerade bei Immobilien in einer schlechten Lage fernab einer größeren Stadt gibt es bereits heute sinkende Marktwerte. Bei vermieteten Immobilien kommen zu diesem Risiko noch mögliche Mietausfälle, hohe Renovierungskosten bei vermehrtem Mieterwechsel oder Instandhaltungskosten, wie zum Beispiel eine neue Heizung, hinzu. Aber in einer seriösen Planung sind diese Risiken selbstverständlich berücksichtigt und die Chancen überwiegen klar – es sind ja schließlich gute Schulden!

FinanzFitnessTipp Gute Schulden: Gute Schulden sind Schulden, die für Investitionen aufgenommen werden, die Dir Erträge bringen. Suche nach attraktiven Investitionsmöglichkeiten, für die Du neben der Investition von eigenem Geld auch gute Schulden aufnehmen kannst.

Verschuldung & Überschuldung

Verschuldung. Kommen wir nun von den Schuldenarten zu dem Thema Verschuldung an sich. Sich zu verschulden bedeutet, dass Du Dir Geld von einer Bank, von Freunden oder innerhalb der Familie leihst. Du musst nicht nur das geliehene Geld, sondern zusätzlich Zinsen zurückzahlen. Schulden an sich sind nicht schlecht, da sie sowohl Vorteile für den Schuldner als auch für den Kreditgeber bieten. Wie bereits in dem Kapitel „Schlechte Schulden" dargestellt, kann der Schuldner sich Dinge kaufen, für die er ansonsten kein Geld hat. Wenn der Schuldner das Geld aus der Kreditinanspruchnahme für eine Investition nutzt, besteht die Chance, dass die Rendite der Investition größer als der zu bezahlende Zins ist. Der Schuldner macht also dann ein gutes Geschäft. Der Kreditgeber erhält am Ende der Kreditlaufzeit sein Kapital wieder zurück und profitiert von einer zusätzlichen Einnahme, den Zinsen.

Das Geld Verleihen an sich gibt es bereits seit einigen Jahrtausenden. Selbst in der Bibel ist das Geld Verleihen bereits ein durchaus positives Thema (5. Mose 15, 7-10; Lukas 6, 34f.). Bei dem Berechnen von Zinsen und Zinseszinsen waren und sind zum Teil einige Religionen wesentlich kritischer eingestellt. So weit so gut!

Bei dem Schuldenmachen geht es, wie so oft im Leben, um das richtige Maß und die richtige Dosis. Zu viele Schulden – besonders zu viele schlechte Sch‚ulden – können für Deine FinanzFitness sehr kritisch werden und im schlimmsten Fall zu einer Privatinsolvenz führen.

Die Prognos AG definierte Verschuldung in dem Jahr 1993 wie folgt:

„Eine Schuld oder Verschuldung ist das Ergebnis einer vertraglichen Beziehung zwischen einem Kreditgeber (Gläubiger) und einem Kreditnehmer (Schuldner), dessen Inhalt die zeitweilige Überlassung der Verfügungsmacht über eine bestimmte Geldsumme ist."[18]

Damit beginnt eine Verschuldung schon ab dem ersten Euro. Das Wort Verschuldung sagt also nichts über die Höhe der Schulden oder das Verhältnis der Schulden zu dem Vermögen des Schuldners aus. Ich komme zurück auf Deine oben erwähnten Gefühle: Was denkst Du, wenn Du Verschuldung hörst? Dir geht es wahrscheinlich wie vielen Menschen, die das Wort Verschuldung mit Negativem verbinden. Da mir dieser Punkt sehr wichtig ist, wiederhole ich meine Aussage von oben:

„Schulden an sich sind nicht schlecht, da sie sowohl Vorteile für den Schuldner als auch für den Kreditgeber bieten."

---

[18] Prognos. Untersuchung zur Verschuldung, Überschuldung und Schuldnerberatung in Nordrhein-Westfalen. Landessozialbericht Band 4. MAGS NRW. Duisburg 1993. S. 25

Letztendlich entscheidest Du, wie viel Verschuldung für Dich gut ist. Maßgeblich neben der Höhe der Verschuldung ist, wie bereits beschrieben, die Verwendung des Geldes.

FinanzFitnessTipp Verschuldung: Verliere die Angst vor guter Verschuldung! Prüfe, wie gute Schulden Dir bei der Erreichung Deiner finanziellen Ziele helfen können. Meide unter allen Umständen das Aufnehmen von schlechten Schulden! (Das ist eine bewusste Wiederholung, da dies maßgebend darüber entscheidet, ob Du finanziell erfolgreich sein wirst oder in einem finanziellen Desaster endest.)

Überschuldung. Wenn Du den oben beschriebenen FinanzFitnessTipp nicht beachtest, kann aus der an sich guten Verschuldung oder aus der übermäßigen Aufnahme von „schlechten Schulden" eine sehr negative Überschuldung werden. Schauen wir uns zunächst die Definition von Überschuldung an: Eine Überschuldung liegt dann vor, wenn ein Kreditnehmer die anstehenden Zahlungen über eine längere Zeit hinweg nicht mehr begleichen kann und ihm zum Bestreiten des eigenen Lebensunterhaltes kein entsprechendes Vermögen oder Kreditmöglichkeiten zur Verfügung stehen. In einer Formel ausgedrückt lautet die Überschuldungsformel:

Ausgaben langfristig > Einnahmen = Überschuldung.

Damit ist die Überschuldungsformel quasi eine Unterformel der Armutsformel.

Trotz der in den vergangenen Jahren sehr guten wirtschaftlichen Entwicklung in Deutschland ist die Quote der Menschen, die überschuldet sind, deutlich angestiegen. Laut dem SchuldnerAtlas 2016 sind etwa 10 % der Erwachsenen überschuldet. Die Überschuldung ist gerade bei unter 40-jährigen und bei über 60-jährigen Menschen angestiegen. Die Zahl der Überschuldungsfälle steigt in Deutschland in den vergangenen 15 Jahren gemeinsam mit dem Konsumklimaindex kontinuierlich an[19]. Dies bedeutet, dass viele Bundesbürger deutlich mehr Schulden aufnehmen als sie zurückzahlen können. Die berechtigte Frage lautet in diesem Zusammenhang: Wie wird sich die Situation entwickeln, wenn die Wirtschaftsleistung in Deutschland stagniert oder gar einmal über mehrere Jahre rückläufig ist?

Ganz zu schweigen von der hohen Staatsverschuldung in Deutschland. Es wird als Erfolg dargestellt, wenn in Zeiten einer guten Konjunktur der Staatshaushalt ohne neue Schulden auskommt bzw. diese minimal gesenkt werden – „schwarze Null" heißt das dann. Dies ist aber keine gute Leistung, denn in den vergangenen Monaten gab es sogar die Situation, dass der Staat für neue Kredite in Form von Bundesanleihen keine Zinsen zahlen musste, sondern Zinsen erhalten hat. Das musst Du Dir erst einmal vorstellen: Der Staat hat Kredite aufgenommen und dafür von den Anlegern Zinsen erhalten. Verkehrte Welt! Damit hat die Niedrigzinspolitik der europäischen Zentralbank für viele Staaten eine komfortable Situation geschaffen: Neue Schulden werden zum Teil mit Zinseinnahmen belohnt. Die Europäische Zentralbank kauft zusätzlich Staatsanleihen der Euro-Länder in die eigene Bilanz und reduziert damit die Kapitalmarktzinsen so weit, dass Schuldenmachen belohnt wird! Wenn allerdings die Kapitalmarktzinsen wieder auf ein normales Niveau steigen, werden wir sehen, dass viele europäische Staaten Probleme haben werden, die eigenen Schulden zu tilgen.

An dieser Stelle muss ich leider feststellen, dass viele **Staaten bei dem Thema Schulden kein Vorbild** sind. Genau genommen sind sie hier ein abschreckendes Beispiel. Als Beispiel möchte ich hier die Vereinigten Staaten von Amerika nennen: Von der Gründung im Jahr 1776 hat der Staat innerhalb von 205 Jahren bis zu dem Jahr 1981 eine Staatsverschuldung von 1.000.000.000.000 $ (1 Billion $) erreicht. Für die Verdopplung

---

[19] Quelle: SchuldnerAtlas 2016, Verband der Vereine Creditreform e.V.; Pressemitteilung und Analyse unter: https://www.creditreform.de/nc/aktuelles/news-list/details/news-detail/schuldneratlas-deutschland-berschuldung-von-verbrauchern-jahr-2016.html

dieser Staatsverschuldung auf 2.000.000.000.000 $ (2 Billionen $) brauchte die USA lediglich fünf Jahre bis 1986. Mittlerweile wurde die Schallmauer von 20.000.000.000 $ (20 Billionen $) überschritten und die politischen Parteien streiten sich jährlich über die abermalige Anhebung der Schuldengrenze. Was für ein Desaster! Die Staatsverschuldungen der europäischen Länder und auch Japans sind zum Teil ebenfalls dramatisch. Deutschland wirkt da trotz einer ebenfalls zu hohen Staatsverschuldung allenfalls wie ein Einäugiger unter Blinden.

Nach diesem kleinen Exkurs kommen wir wieder zu Deinen Finanzen zurück: Dir darf es nicht passieren, in einer Überschuldungsfalle zu stecken oder aufgrund völliger Planlosigkeit bei dem Thema Schulden vor einem finanziellen Desaster zu stehen!

FinanzFitnessTipp Überschuldung: Vermeide durch ein geplantes und vorsichtiges Umgehen mit Schulden eine Überschuldung! Beachte die Grundregel: Die Einnahmen müssen langfristig immer größer als die Ausgaben sein! Ausufernde Verschuldung führt zu Überschuldung, und Überschuldung führt zur Privatinsolvenz!

Fällt Dir etwas auf? Viele Begriffe in diesem Buch werden auch in Unternehmen verwendet: Worte wie Einnahmen, Ausgaben, Schulden etc. gehören zum gängigen Vokabular in vielen Finanzabteilungen. Der Hintergrund ist meine folgende Überzeugung:

FinanzFitness ist durch professionelles Managen privater Finanzen möglich!

Wer also so professionell, wie das in erfolgreichen Unternehmen üblich ist, mit den eigenen Finanzen umgeht, wird finanziell erfolgreich sein.

Neben den Unternehmen haben sehr vermögende Menschen das Verwalten ihres Vermögens professionalisiert. Vermögensverwalter, Steuerberater, Rechtsanwälte und Finanzberater unterstützen die Wohlhabenden dabei, ihr Vermögen zu erhalten und zu vermehren. Offensichtlich machen die „Reichen" einiges anders als der „Otto Normalverbrau-cher". Das schauen wir uns in dem nächsten Kapitel an.

KAPITEL III: FINANZFITNESS - ERFAHRUNGEN DER ERFOLGREICHEN

In diesem Abschnitt beschreibe ich den Bereich des finanziellen Reichtums und der finanziellen Armut. Hier geht es keinesfalls um eine Polarisierung zwischen Reichen und Armen, sondern um die Beschreibung von beiden Gruppen und die Ableitung von Zielen für Dich. Ich halte es für sehr wichtig, von denen zu lernen, die es finanziell geschafft haben. Warum solltest Du denn die Fehler der Reichen wiederholen oder, anders herum, das tun, was zur sicheren Armut führt? Eine Neiddiskussion über die Reichen oder das Beklagen des Schrumpfens der Mittelschicht bringt gar nichts, wenn Du Dich selbst nicht davon emanzipierst und das Heft und damit Deine **finanzielle Zukunft selbst in die Hand nimmst**. Das Verlassen auf Andere (Staat, Arbeitgeber, Rente, Kinder...) macht abhängig und unzufrieden.

Jeder Mensch bestimmt die Richtung selbst – egal was der Kompass anzeigt

Es gibt nur einen, der Deine finanzielle Zukunft zum Besseren oder Schlechteren verändern kann: DU!!! Das Schöne dabei ist: Du kannst jeden Tag damit beginnen, auch wenn Du seit vielen Jahren auf ausgetretenen Pfaden gehst und Dich von den „Anderen" (Gesellschaft, Familie,

Freunde, Arbeitgeber, Politik...) hast einlullen lassen. Wenn Du Deine finanzielle Zukunft selbst in die Hand nimmst, bewegst Du Dich aus der Masse heraus und übernimmst Verantwortung. Das macht den Unterschied! **Du machst den Unterschied!** Du bist es wert, vom „Finanz-Couch-Potato" über FinanzFitnessZiele, Deinen persönlichen FinanzFitnessPlan zum finanziellen Erfolg zu kommen!

Erinnerst Du Dich an Gespräche im Familien- oder Freundeskreis über Geld? Meistens geht es in diesen Gesprächen um die mit dem Geld verbundenen Probleme. Kaum jemand sagt, dass er/sie keine Probleme mit Geld hat. Entweder schweigen sehr viele dieser Menschen oder es gibt sie eben nicht so oft! Was meinst Du?

Mit Geld gibt es generell zwei Arten von Problemen: Du hast zu wenig Geld oder Du hast zu viel Geld! Meistens wird über zu wenig Geld geredet. Man hat zu wenig Geld für den tollen Urlaub, das Super-Auto etc. Gedanklich rennt man gegen eine Mauer: Ich habe zu wenig Geld! Fertig und aus! Viel zu wenig wird darüber gesprochen, was unternommen wurde, um ein finanzielles Ziel zu erreichen. Oft wird finanziell „in den Tag hinein" gelebt und sich gewundert, wieviel Monat am Ende des Geldes übrigbleibt! Warum gehen wir mit Geld oft so unlogisch vor? Darum geht es in den folgenden Kapiteln: Was heißen Reichtum und Armut? Gibt es Erfolgsrezepte? Was können wir von Reichen lernen? Nachdem wir diese Fragen beantwortet haben und nach einem Exkurs zu Dagobert und Methusalem geht es dann zum praktischen Teil des Buchs.

Von den Reichen lernen

Bestimmt hast Du Dir auch mal diese Frage gestellt oder sie ist Dir von Deinen Kindern gestellt worden: Was bedeutet Reichtum? Wikipedia beschreibt Reichtum wie folgt:

„Reichtum bezeichnet den Überfluss an geistigen oder gegenständlichen Werten. Was man unter Reichtum versteht, hängt von subjektiven und zum Teil höchst emotionalen bzw. normativen Wertvorstellungen ab. In den modernen, eurozentrisch geprägten Industriestaaten wird Reichtum häufig ausschließlich quantitativ auf Wohlstand und Lebensstandard bezogen, obwohl er sich tatsächlich nicht auf materielle Güter reduzieren lässt. Die Bedeutung geistigen Reichtums wird häufig unterschätzt, u.a. weil er nur schwer messbar ist. Gesellschaftlich gesehen erfordert Reichtum die allgemein akzeptierte Übereinkunft, dass Dinge, Land oder Geld jemandem gehören und dass dieses Eigentum geschützt wird. Das Verständnis von Reichtum unterscheidet sich in verschiedenen Kulturen und ist zum Teil Gegenstand heftiger Debatten. Das Gegenteil von materiellem Reichtum – sprich: der Mangel an Gütern bzw. ein überdurchschnittlich niedriger quantitativer Wohlstand – wird als Armut bezeichnet, auch hier gibt es die Unterscheidung zwischen materieller und geistiger Armut."

Gemäß dieser Beschreibung kann Reichtum in viele Richtungen ausgelegt werden. In meiner beruflichen Laufbahn habe ich bereits mit vielen reichen Menschen gesprochen. Dabei gibt es natürlich sehr wichtige Beobachtungen und Feststellungen. Diese sind für Dich sicher interessant und zeigen möglicherweise Gedankengänge auf, die Du bisher noch nicht kennst. Auf die wichtigsten „Thesen" und die davon abgeleiteten Finanz-FitnessTipps gehe ich im Folgenden ein.

Gute Bonität ist entscheidend. Die Bonität ist die Kreditwürdigkeit von privaten Personen oder Unternehmen. Eine gute Bonität ist entscheidend dafür, ob Du Dich finanziell weiter entwickeln kannst oder nicht. Ohne eine gute Kreditwürdigkeit erhältst Du keinen Kredit – sogar der Abschluss eines Handyvertrags kann schon schwierig werden. Ganz zu schweigen von der Finanzierung einer vermieteten Immobilie oder dem Abschluss eines Investitionskredites. Mittlerweile prüfen auch Vermieter die Bonität eines Mietinteressenten. Ohne eine gute Bonität ist es schwierig, an eine neue Wohnung heranzukommen. Um es ganz klar zu sagen: Ohne eine gute bis sehr gute Bonität wird es sehr schwer, Vermögen zu bilden. Eine Bank wird nur demjenigen einen Kredit gewähren, von dem sie zu fast 100 % die Rückzahlung des Kredites erwarten kann. Wenn also Deine Bonität nicht optimal ist, musst Du versuchen, Deinen Weg zu einem Vermögen ausschließlich auf Guthabenbasis zu gehen. Parallel dazu empfiehlt es sich alles zu unternehmen, um Deine Bonität Schritt für Schritt wieder zu verbessern.

Unternehmen und Banken prüfen in aller Regel die Bonität ihrer Kunden durch eine Anfrage bei einer oder mehreren Auskunfteien. Diese sammeln zum Beispiel Informationen über abgeschlossene und zurückgezahlte Ratenkredite oder Immobilienfinanzierungen. Jede Finanzierung, die ohne Ausnahme regelmäßig pünktlich bedient wurde, wird als positives Element in der Bonität berücksichtigt. Andererseits wird jede Zahlungsstörung negativ vermerkt. Dies kann zum Beispiel ein Rückstand mit einer Ratenzahlung sein oder auch ein nicht bedienter Konsumentenkredit.

In Deutschland gibt es fünf bedeutende Auskunfteien. Am Beispiel der Auskunftei SCHUFA zeige ich eine Vorgehensweise zur Überprüfung Deiner Bonitätseinstufung. Bei anderen Auskunfteien ist das Vorgehen ähnlich.

Um zu überprüfen, ob alle Daten für Deine persönliche Bonitätseinstufung richtig erfasst sind, hast Du die Möglichkeit, bei der Auskunftei SCHUFA eine kostenlose Datenübersicht zu erhalten. Diese sogenannte „Datenübersicht nach § 34 Bundesdatenschutzgesetz" kannst Du auf der Webseite der SCHUFA beantragen[20]. Dort kann ein Formular heruntergeladen werden, das ausgefüllt und unterschrieben an die SCHUFA per Post gesendet werden kann. Diese wird Dir dann die kostenlose Datenübersicht ebenfalls per Post zusenden. Mögliche Fehler in der Datenhistorie kannst Du mit einem entsprechenden Nachweis kostenlos korrigieren lassen. Dieser Aufwand ist auf jeden Fall gerechtfertigt, da Deine persönliche Bonität für die Erreichung Deiner finanziellen Ziele entscheidend ist.

---

[20] Datenübersicht nach § 34 Bundesdatenschutzgesetz

FinanzFitnessTipp Bonität: Überprüfe jedes Jahr Deine Bonität bei den wichtigsten Auskunfteien.

Reiche fühlen sich nicht reich. Das ist sicher eine der überraschendsten Feststellungen für Dich. In den Medien werden Reiche oft als Menschen dargestellt, die nicht wissen, wohin mit dem Geld. Viele Klischees werden bedient, wie zum Beispiel der Besitz einer Yacht, täglich im Nobel-Restaurant essen gehen und Vieles mehr. Das mag auf einige Reiche zutreffen, aber die Mehrheit tickt anders: Viele Millionäre beantworten die Frage nach ihrem Reichtum eher ausweichend und sprechen von „vermögend" oder von der Verantwortung, die mit dem Vermögen zusammenhängt. Viele Menschen sind nicht plötzlich zum Beispiel durch einen Lottogewinn reich geworden, sondern das Vermögen hat sich über Jahre vermehrt und ist das Ergebnis von viel Arbeit. Zudem ist oft ein Teil des Gewinns wieder reinvestiert worden, so dass viele Reiche oft über viele Jahre hinweg das Geld nicht mit vollen Händen ausgeben konnten.

Arbeiter und Angestellte werden nicht reich, es sei denn....

Wer, wie bereits beschrieben, ausschließlich Arbeit gegen Zeit tauscht und dadurch aktive Einnahmen erzielt, wird in aller Regel nicht reich. Der „klassische" Ablauf der finanziellen Kontobuchungen bei Angestellten ist immer gleich: Einmal im Monat gibt es einen Gehaltseingang, und danach gibt es eine „Buchungssperre" für Gutschriften auf dem Konto. Den Rest des Monats werden alle Kosten abgebucht – dazu später mehr. Wenn eine Gehaltserhöhung kommt, wird diese oft für höhere Konsumausgaben verwendet und es bleibt am Ende des Monats davon nichts mehr übrig – siehe Kapitel „Das Gesetz der Verschwendung – Zweites Parkinson'sches Gesetz".

...sie verlassen das Hamsterrad der Abhängigkeiten.

Viele Angestellte befinden sich in einem Hamsterrad der Abhängigkeiten. Nicht umsonst werden Arbeiter und Angestellte auch als „abhängig Beschäftigte" bezeichnet. Provokativ ausgedrückt ist ein Angestellter abhängig von dem Arbeitgeber, da dieser ihm nicht nur die Arbeit gibt, sondern auch das Geld dafür. Von dieser einzigen Einnahme sind wir meist finanziell abhängig, und wie ein Süchtiger brauchen wir mit der Zeit immer mehr davon.

Vielleicht geht es Dir auch so: Du arbeitest in einem Hamsterrad, und das bewegt sich immer schneller. Es gibt immer mehr Arbeit, das Personal wird gekürzt, und Dein Chef sagt Dir, Du sollst effizienter arbeiten, dann würdest Du die Arbeit auch ohne Überstunden erledigen können. Na prima, selbst wenn das alles so klappen würde, bleibt Dein Gehalt erst einmal gleich. Das bedeutet, dass Du effizienter arbeitest und Dein Arbeitgeber profitiert. Zumindest machst Du Deinen Job etwas sicherer, da Du gezeigt hast, dass Du gut funktionierst.

Du kennst sicher den Song von Tim Bendzko mit dem Titel „Keine Maschine". Darin heißt es:

> „Einfach so weiter machen
> ist keine Option
> Ich muss hier ausbrechen,
> wenn Du das hier liest
> bin ich schon auf und davon
> Ich will mein Leben selbst gestalten
> muss es wenigstens probier'n
> Ich brauche die Kontrolle zurück
> kann nicht mehr nur funktionier'n."

Darum geht es: Ich möchte Dich keinesfalls dazu auffordern, Deinen Job morgen zu kündigen. Mein Ziel ist es, Dich aufzurütteln und dazu zu bewegen, Gewohntes zu hinterfragen und darüber nachzudenken, wie Du die Kontrolle über Dein Leben und Deine Finanzen erlangst.

Unternehmer und Investoren werden reich. In dem Kapitel Sparen & Investieren habe ich dargestellt, wie wichtig sowohl das Sparen als auch das Investieren sind. Interessant ist nun, wie unterschiedlich Angestellte einerseits und Unternehmer und Investoren andererseits beides gewichten. Beide Gruppen benutzen beide Instrumente.

Angestellte mit FinanzFitness sparen und investieren einen genau definierten Betrag pro Monat in einer genau definierten Art und Weise. Menschen ohne diese Kenntnisse sparen, wenn überhaupt unregelmäßig ein Teil des Geldes, das im besten Fall nach allen Ausgaben übrigbleibt. Meist wird lediglich ein kleiner Anteil der Einnahmen gespart und ein noch kleinerer Anteil investiert.

Bei Unternehmern und Investoren ist die Vorgehensweise anders. Hier zwingen bereits die gesetzlichen Vorschriften zum vorausschauenden Verhalten eines vorsichtigen Kaufmanns. Dies wird am Beispiel der sogenannten Abschreibungen deutlich. Diese muss ein Unternehmen bilden, wenn ein größerer Vermögensgegenstand angeschafft wurde. Dieser verliert über die Zeit an Wert. Der jährliche Wertverlust wird „abgeschrieben" und somit verringert sich das Vermögen des Unternehmens. Weiterhin muss eine sogenannte Rückstellung gebildet werden, wenn klar ist, dass in drei Jahren eine alte Maschine defekt sein wird. Durch die Rückstellung wird „gespart", um dann nach drei Jahren das Geld in den Neukauf der Maschine investieren zu können. Im Gegensatz zu Privatleuten findet somit bei Unternehmen ein „systematisches Sparen" statt. Wie im Kapitel „Gute Schulden" beschrieben, kann das eine Privatperson auch tun, zum Beispiel durch die Tilgung eines Immobilienkredites. Weiterhin gehört es für Unternehmer und Investoren zum Tagesgeschäft, in erfolgsversprechende Geschäftsideen oder Projekte zu investieren – zum Teil auch mit Hilfe von guten Schulden.

Der Hauptunterschied zwischen Angestellten und Unternehmern/Investoren ist der **Anteil des Sparens und Investierens**. Dieser ist bei Unternehmern/Investoren **sehr hoch**. Unternehmer „unternehmen" und Investoren „investieren" – das sagt bereits der Name. Sobald ein Projekt abgeschlossen ist, wird das nächste gesucht – Stillstand ist Rückschritt. An dieser Stelle muss natürlich wieder betont werden, dass solche Projekte und das Dasein als Unternehmer oder Investor mit klar definierten Risiken verbunden sind.

Unternehmer und Investoren übernehmen Risiken und werden dafür belohnt – oder bestraft. Das ist der Hauptgrund dafür, dass viele Privatleute sich nicht trauen, als Unternehmer oder Investor aktiv zu werden. Sie sind das risikolose Tauschen von Zeit gegen Geld gewohnt, auf das einem die Schule, die Gesellschaft und auch das Elternhaus typischerweise vorbereitet. Die Herausforderung, sich mit guten Produkten oder Dienstleistungen in einer Marktwirtschaft von der Konkurrenz abzuheben und dennoch Geld zu verdienen, wird jeden Morgen an den Arbeitgeber, also an einen Unternehmer, abgegeben. Das ist auch in vielen Fällen verständlich und keinesfalls zu verurteilen. Der Unternehmer oder Investor betreibt durchaus ebenfalls als vorsichtiger Kaufmann eine Risikoreduzierung, indem er zum Beispiel eine GmbH gründet. Mit dieser juristischen Rechtsform begrenzt er, von einigen Ausnahmen abgesehen, sein Haftungsrisiko auf 25.000 €. Auch durch das Abwägen von Für und Wider einer Investition werden Risiken begrenzt.

Damit kommen wir zu einer weiteren wichtigen Unterscheidung zwischen Angestellten einerseits und Unternehmern/Investoren andererseits: **Angestellte** haben durch das festgelegte Gehalt eine **begrenzte Chance** und ein **begrenztes Risiko**, das in dem Wegfall des Arbeitsplatzes besteht. Im schlimmsten Fall wird ein Angestellter kein neues Geld mehr verdienen, aber das bereits verdiente Geld verbleibt bei ihm. **Unternehmer/Investoren** haben bei entsprechender Rechtsform ein **begrenztes Risiko, aber eine unbegrenzte Chance**!

Hauptgründe für diese Unterscheidung sind die **Faktoren Zeit und Skalierbarkeit**. Ein Angestellter hat nur eine begrenzte Zeit, die er gegen Geld tauschen kann. Er kann zwar mehrere Jobs annehmen, aber der Tag hat eben nur 24 Stunden, von denen er auf Dauer höchstens 14 - 15 Stunden einsetzen kann – dann ist Schluss! Unternehmer hingegen können theoretisch unendlich viele Produkte verkaufen, ohne dass sie unendlich lang arbeiten müssen. Weiterhin können sich Unternehmer Zeit „kaufen".

Unternehmer brauchen Angestellte. Selbstverständlich brauchen Unternehmer Angestellte, sie können schließlich nicht alles alleine machen. Indem Unternehmer die Zeit ihrer Angestellten gegen Geld beziehen können, steht ihnen also theoretisch unendlich viel Zeit zur Verfügung. Es ist also unmöglich, dass 100 % einer Gesellschaft Unternehmer werden.

Die Angestelltenerfolgs-Formel. Anschließend an das oben Beschriebene lautet die Formel:

Begrenzter Angestelltenerfolg = Begrenzte eigene Zeit mal Stundensatz.

Bestimmt hast Du diese Formel zweimal gelesen und darüber nachgedacht, ob diese denn richtig sein kann. Auf der einen Seite begrenzt der Angestellte über den Arbeitsvertrag seine eingesetzte Zeit und verringert durch Kündigungsfristen und die Vereinbarung einer festen monatlichen Bezahlung sein Risiko. Andererseits erkauft der Angestellte sich diese Vorteile mit einer begrenzten Belohnung – dem Gehalt. Wenn der Unternehmer erfolgreich arbeitet, verdient er wesentlich mehr, als er seinen Angestellten zahlt. Anders ausgedrückt hilft der Angestellte eines erfolgreichen Unternehmens dem Unternehmer, vermögend zu werden. Sollte es dem Unternehmen einmal schlecht gehen, ist der Unternehmer bereit, dem Angestellten so lange ein Gehalt zu zahlen, bis es keine Alternative zu einer Kündigung gibt. Selbst nach der betriebsbedingten Kündigung erhält der Angestellte noch einige Monate ein Gehalt. Begrenzter Erfolg steht eben begrenztem Risiko und begrenztem Zeiteinsatz gegenüber.

Anders sieht es bei einem Unternehmer aus.

Die Unternehmererfolgs-Formel

Die Unternehmererfolgs-Formel. Diese Formel ist jetzt ganz einfach abzuleiten:

<blockquote>

Unbegrenzter Unternehmererfolg = Verkaufte Anzahl skalierbarer Produkte mal Gewinn je Produkt.

</blockquote>

Diese Formel gilt für Produkte. Bei Dienstleistungen lautet sie:

<blockquote>

Unbegrenzter Unternehmererfolg = (Begrenzte eigene Zeit + skalierbare Zeit Anderer) mal Gewinn je verkaufter Dienstleistungsstunde.

</blockquote>

Ja, ich gebe zu, dass die oben beschriebenen Inhalte teilweise etwas provokativ wirken und Dir eventuell „schwer im Magen liegen" können. Ein Ziel dieses Buches ist es ja, zum Nachdenken anzuregen und Altbewährtes einmal in Frage zu stellen. Das erreiche ich am besten, wenn ich die Fakten auf den Punkt bringe. Aber Du hast ja jeden Tag die Möglichkeit, Dein Leben zu verändern.

Wie das funktionieren kann, zeigt der nächste Abschnitt.

Angestellte können auch Unternehmer oder Investor werden. Das ist eine ganz wichtige Feststellung: Niemand muss gleich in das kalte Wasser (als Unternehmer oder Investor) springen, sondern kann ganz vorsichtig erst einmal einen Fuß in das kalte Wasser tauchen und anschließend ganz langsam hineingehen. Wer einmal zu schnell hineingegangen ist, kann dies unter Umständen nicht mehr so schnell korrigieren. Auch hier bewahrheitet sich die Aussage: Der Weg ist das Ziel. Du fragst Dich sicher jetzt, wie kann denn das funktionieren? Ich habe folgendes Beispiel für Dich:

1000 € mehr pro Monat durch die Umsetzung von zwei Maßnahmen. Der 29-jährige Angestellte Max hat sich mittlerweile ein ordentliches Gehalt durch Engagement und großen Arbeitseinsatz in den vergangenen 10 Jahren erarbeitet. Die beruflichen Perspektiven in dem jetzigen Unternehmen hat Max auf Sicht der nächsten Jahre ausgereizt, und es bahnen sich keine langfristigen Perspektiven innerhalb des Unternehmens an. In den letzten Tagen hat er ein Buch über FinanzFitness gelesen, das ihn zum Nachdenken über seine finanziellen Pläne angeregt hat. Genauer gesagt hat ihn das Buch dazu angeregt, sich überhaupt Ziele zu setzen. Kurz vor Silvester nimmt sich Max vor, innerhalb der nächsten 20 Jahre in einem zunehmenden Maß von einem Angestelltengehalt unabhängiger zu werden.

Ein erster Schritt dazu soll der **Erwerb einer Eigentumswohnung** mit zwei Zimmern in einer kleineren Universitätsstadt sein. Eigentlich würde er lieber ein vermietetes Mehrfamilienhaus kaufen, aber das traut er sich aufgrund der fehlenden Erfahrung als Immobilieninvestor und des noch zu geringen Eigenkapitals nicht zu. Nachdem er sich eingehend informiert hat, findet er eine passende Wohnung. Max lässt sich von einem Berater seines Vertrauens begleiten. Die Finanzierung wird über eine Finanzplattform abgewickelt, in die sehr viele Banken ihre Konditionen und Bedingungen einstellen. Aufgrund seiner 10-jährigen Unternehmenszugehörigkeit, dem ordentlichen Gehalt und der erstklassigen Bonität ist die Finanzierung schnell abgewickelt, und nach 4 Monaten ist Max stolzer Eigentümer einer gut vermieteten Eigentumswohnung. Nach Abzug aller laufenden Kosten, der monatlichen Kreditrate und der anteiligen Steuer hat er sogar monatliche Zusatzeinnahmen von 75 €. Zusätzlich reduziert sich sein Kredit durch die Tilgung monatlich um 250 €. Das bedeutet, dass sein Nettovermögen um 325 € monatlich wächst. Weiterhin wirkt sich die Abschreibung der Wohnung steuerlich positiv aus. Der Angestellte erkennt, dass es sich auszahlt, Ziele zu formulieren und diese umzusetzen.

Davon angespornt sucht er sich eine neue berufliche Herausforderung, die ihn wieder motiviert und ausfüllt. Der neue Arbeitgeber ist auch bereit, die Weiterbildung zu bezahlen, die er sich schon immer gewünscht hat. Der alte Arbeitgeber wollte diese wegen der monatlichen Kosten von 375 € für zwei Jahre nicht bezahlen. Er war bereits kurz davor, sich auf eigene Kosten anzumelden. Das Schöne bei dem **Wechsel des Arbeitgebers**: Er verdient monatlich 300 € netto mehr!

Innerhalb von 12 Monaten hat Max folgendes erreicht: Sein Vermögen wächst monatlich um 625 € (325 € aus der Eigentumswohnung plus 300 € höheres Nettogehalt) und er hat sich Kosten von 375 € gespart – er hat sich einen positiven Vermögenseffekt von 1000 € pro Monat geschaffen!

Natürlich, kannst Du jetzt einwenden, geht Max auch Risiken ein: Wenn der Mieter kündigt, kann die Miete zeitweise ausfallen. Max ist bei dem neuen Arbeitgeber in einer Probezeit und kann innerhalb von 6 Monaten seine neue Arbeit ganz schnell wieder los sein. Das ist so, und andererseits hat Max es auch zu einem guten Stück selbst in der Hand, wie er einen guten Mieter an sich bindet und den neuen Arbeitgeber mit seiner Leistung überzeugt. Die Wahrscheinlichkeit, dass beides zusammen in kurzer Zeit passiert, ist jedenfalls gering. Da Max das Buch über Finanz-Fitness bis zum Ende gelesen hat, weiß er auch, wie er mit den Mehreinnahmen / Minderausgaben so umgeht, dass er sich ein finanzielles Polster schaffen kann. Eine Anmerkung noch zu den ersparten Weiterbildungskosten von 375 €: Ersparte Kosten sind wie Einnahmen zu werten. Diese sind nicht weniger wert als zusätzliche Einnahmen. Beides muss überprüft werden – dazu später mehr.

Was hat Max nun gemacht? Max hat zusammenfassend zuerst **nachgedacht**, dann hat er sich ein **Ziel gesetzt** und direkt anschließend mit der **Umsetzung** begonnen. Im Ergebnis hat er sich damit wie ein Unternehmer und Investor verhalten.

Seinem Ziel, in den nächsten 20 Jahren unabhängiger von einem Gehalt zu werden, ist Max ein gutes Stück nähergekommen. Er bleibt weiter in einem „sicheren" Angestelltenverhältnis und hat sich zusätzliche Einnahmen geschaffen. Wenn später die Wohnung abbezahlt ist, kann er den vollen Effekt genießen. Neben den finanziellen Effekten investiert Max in seine eigene Bildung und wird dadurch in seinem Metier erfolgreicher.

> **FinanzFitnessTipp Angestellter:** Überlege Dir Möglichkeiten, Deine Abhängigkeit bei Deinen Einnahmen von einem Arbeitgeber zu verringern. Schaffe Dir ein zweites finanzielles Standbein!

Reichtum alleine ist kein Ziel. Natürlich ist es wichtig, sich finanzielle Ziele zu setzen, um damit letztendlich Geld zu verdienen. Sicher! Genauso wichtig ist es, sein Vermögen nach Schulden kontinuierlich zu steigern. Wenn sich jemand aber das Ziel setzt, in 10 oder in 20 Jahren reich zu sein, ist das nicht der richtige Weg. Reich sein kann zum Beispiel mit einem Vermögensziel von 1.000.000 € definiert werden. Das ist doch mal ein Ziel, denkst Du vielleicht. Da wäre doch Mancher sehr froh, das einmal besitzen zu können. Aber ist das wirklich ein anzustrebendes Ziel, ohne Wenn und Aber? Nein, ein Geldbetrag alleine kann niemals ein sinnvolles Ziel sein. Was nutzt Dir ein Vermögen von 1 Mio. €, wenn Du dafür jeden Tag von 5.30 Uhr bis 23 Uhr arbeiten musst? Was glaubst Du? Ist eventuell ein monatliches Bruttogehalt von 10.000 € ein sinnvolles Ziel? Das wäre ja klasse! Was man damit alles machen kann… Dann wäre man ja wirklich reich. Aber: Was für den einen bereits totalen Reichtum bedeutet, wäre für den anderen eine Situation, in der er sich massiv einschränken müsste.

Reine Geldziele sind also immer abhängig von der Situation, in der sich die Person befindet. So kann es auch vorkommen, dass jemand mit einem Vermögen von 1 Million € sich das Ziel setzt, nun 2 Millionen € zu erreichen. Damit ist das erste Ziel überholt und irrelevant. Dazu kommt, dass sich zum Beispiel Max mit 1 Million € reich fühlt und sein Bruder Moritz erst mit 5 Millionen €. Weiterhin ist zu beachten, dass auch ein 5 Millionen € großes Vermögen alleine NICHT glücklich macht. Im Gegenteil kann sich dieser Vermögende sogar in großen zeitlichen und finanziellen Abhängigkeiten zum Beispiel von einem großen Auftraggeber befinden. Deswegen kann Reichtum an sich kein Ziel sein.

Finanzielle Freiheit hingegen ist ein Ziel. Finanziell frei zu sein bedeutet, dass jemand nicht mehr gezwungen ist, zum Beispiel in einem Angestelltenverhältnis abhängig zu arbeiten. Durch das erreichte Vermögen (z.B. in Form von Unternehmensbeteiligungen, Immobilien oder sonstigen

Geldanlagen) fließen ausreichend Erträge, die einen geringen eigenen Zeiteinsatz abfordern. Dies sind die bereits dargestellten „passiven" Einnahmen. Durch die freie Gestaltung der eigenen Lebenszeit entsteht erst die finanzielle Freiheit. Ob jemand mit 3.000 € passiven Einnahmen oder mit 10.000 € passiven Einnahmen finanziell frei ist, ist natürlich auch wieder relativ. Fest hingegen ist die Definition, dass finanzielle Freiheit dann erreicht ist, wenn die zeitunabhängig fließenden Einnahmen von dem Zwang befreien, abhängig arbeiten gehen zu müssen.

FinanzFitnessTipp Reichtum: Geld an sich ist kein Ziel, da Geld alleine nicht glücklich macht. Finanzielle Freiheit ist ein Ziel, da diese das Erreichen von Lebenszielen ermöglicht.

Die Wohlstandsformel

Um vermögend und letztendlich finanziell frei zu werden, benötigst Du als Ausgangsbasis einen Geldbetrag, der - abhängig von Deinen finanziellen Zielen - größer oder kleiner sein kann. Ohne diesen Geldbetrag wird es Dir nicht möglich sein, größere Investitionen tätigen zu können. Ob es das notwendige Eigenkapital für die Finanzierung einer vermieteten Immobilie ist, das Grundkapital für die Gründung einer GmbH oder aber das Kapital für die Anschaffung einer Maschine, Computeranlage, technischen Ausstattung etc. Durch die Aufnahme eines Hypothekenkredites oder eines Investitionsdarlehens kann dieser verfügbare Geldbetrag vervielfältigt werden. Aus einem Eigenkapital von 25.000 € wird über einen Kredit als Beispiel ein investierbares Kapital von 100.000 €. An diesem Beispiel siehst Du, dass eine frei verfügbare Summe Geld unverzichtbar ist. Zwar gibt es auch Geschäftsmöglichkeiten über das Internet, bei denen fast ohne Eigenkapital gestartet werden kann. Um dies tun zu können ist ein weiterer wichtiger Baustein das notwendige Wissen. Das ebenfalls notwendige Finanzwissen, die FinanzFitness, wird in diesem Buch vermittelt. Hier geht es darum, die Grundlagen darzustellen und es Dir möglich zu machen, nachhaltig Vermögen aufzubauen. Wenn Du dieses Buch zu Ende gelesen hast, kennst Du alle Instrumente, die Dir das Ansparen des notwendigen Eigenkapitals zum Aufbau eines Vermögens ermöglichen.

Weder Geld noch Wissen (= FinanzFitness), noch Zeit können die Basis für Reichtum und finanzielle Freiheit sein, wenn eines fehlt: das Tun (= Focus).

Sicher kannst Du Dir nach den bereits getroffenen Aussagen die Wohlstandsformel schon ableiten. Hier ist sie:

$$\textbf{Wissen}^n + \textbf{Focus}^n + \textbf{Kapital}^n + \textbf{Zeit}^n = \textbf{Wohlstand}$$

Du fragst Dich jetzt sicherlich, warum hinter jedem Element der Wohlstandsformel ein „hoch n" steht. Wie oben bei dem Beispiel Eigenkapital beschrieben, ist es sehr wichtig, ein Vielfaches des Eigenkapitals an Finanzierungssumme aufzunehmen, um rentable Werte kaufen zu können. Ähnlich sieht es bei dem Wissen aus: Ein durchschnittliches Finanzwissen zu haben, reicht nicht aus. Deswegen empfehle ich Dir, Dein Finanzwissen zu vergrößern und zu vervielfachen. Nur dann kannst Du attraktive Chancen von hohen Risiken unterscheiden.

Viele vermögende Menschen haben ihr Vermögen analog der Wohlstandsformel aufgebaut. Die Wege dahin können sehr unterschiedliche sein (Geschäftsidee, Erfindung, Unternehmen gründen, Investitionen...), aber das Ergebnis war meistens gleich. Die einzige Ausnahme stellt das geerbte Vermögen dar. Aber eines ist sicher: Wer nicht über die oben genannten Eigenschaften und Fähigkeiten verfügt, wird in aller Regel das geerbte Vermögen nicht erhalten können.

FinanzFitnessTipp Wohlstandsformel: Schreibe Dir die Wohlstandsformel auf einen Zettel und klebe diesen an den Spiegel im Bad oder an die Wohnungstür. So siehst Du die Formel jeden Tag und kannst immer wieder überprüfen, welche Möglichkeiten Du hast.

Vermögen erhalten

Der Vermögenserhalt ist eines der wichtigsten FinanzFitness-Ziele nicht nur für Reiche, sondern für jeden von uns. Denk mal nach! Wer fällt Dir ein, der Vermögen über Jahrzehnte und sogar Jahrhunderte erhalten hat?

Mir fällt sofort die **Familie Thurn und Taxis** ein. Diese Familie hat ab dem 14. und 15. Jahrhundert im heutigen Italien Kurierdienste für Fürsten und Päpste erledigt. Damals wurde durch die Familie Thurn und Taxis die Grundlage für das moderne Postwesen in Europa gelegt. Schon damals wurde nichts Anderes gemacht als ein Unternehmen zu gründen, dass eine hochwertige und innovative Dienstleistung angeboten hat. Das Unternehmen expandierte von den Anfängen in Venedig in das gesamte Heilige römische Reich unter den römisch-deutschen Kaisern. Im Laufe der Jahrhunderte hat dieses Unternehmen Kriege, Revolutionen, Währungsreformen und viele Wirtschaftskrisen überstanden. Im 19. Jahrhundert wurde den verschiedenen Familienzweigen in einigen Ländern das Recht genommen, das Postwesen weiter zu betreiben. Diese Länder gründeten Staatsbetriebe, die das Postwesen unter Staatsregie weiterführten. Für diesen Verlust erhielten die jeweiligen Familienstämme entweder eine Abfindung in Geld, Schlössern und Ländereien oder in Waldbesitz. In anderen Ländern hingegen wurde der Familie Thurn und Taxis zwar dieses Privileg genommen, aber die Familie durfte die Postdienste im Rahmen von privaten Unternehmen weiter betreiben. Auch in Deutschland verlor die Familie Thurn und Taxis das Postprivileg im 19. Jahrhundert.

Das Faszinierende an dieser Familien- und Unternehmensgeschichte ist, dass es über 700 Jahre hinweg gelungen ist, durch das Investieren von Unternehmensgewinnen und Abfindungen in unternehmensfremde Anlageformen das Vermögen stetig zu vergrößern.

Sicher ist die Familie Thurn und Taxis keinesfalls repräsentativ für die heutige Welt. Zudem willst Du nicht mehrere Jahrhunderte auf einen ordentlichen Vermögensaufbau und das Fließen von Erträgen für Deine Nachkommen warten. Für Dich ist dies dennoch sehr interessant, da die Familie wichtige Grundprinzipien des Vermögenserhalts praktiziert hat, die Du im kleinen Rahmen nachahmen kannst:

- Vermögensaufbau durch das Erschließen von mehreren Einnahmequellen,
- Entnahme von Erträgen (Sparen) und
- Kauf bzw. Aufbau von Sachwerten wie zum Beispiel Immobilien oder neuen Unternehmen (Investieren).

Die Familie hat hier einen Geld- und Vermögenskreislauf etabliert, der auch im 21. Jahrhundert funktioniert. Du wirst Dich sicherlich fragen, wie es mit dem Finanzwissen und der FinanzFitness der Familie ausgesehen hat und aussieht. Die Familie besaß in Deutschland die traditionsreiche Thurn und Taxis Bank, um die Finanzangelegenheiten zu regeln. Anfang der 1990er Jahre wurden die Unternehmensbeteiligungen und Vermögenswerte der Familie nach dem Tod von Fürst Johannes neu geordnet und die Bank wurde verkauft. Auch diese finanziell schwierige Phase hat die Familie gemeistert.

An diesem Beispiel erkennst Du, wie wichtig der Vermögenserhalt ist.

FinanzFitnessTipp Vermögenserhalt: Ein langfristiger Vermögenserhalt gelingt nur durch das Investieren in verschiedene Vermögensanlageklassen. Setze niemals alles auf eine Karte, und teile Dein Vermögen auf in Liquidität, Liquiditätsreserve, Sparguthaben, Aktien, Immobilien, festverzinsliche Wertpapiere und Edelmetalle.

Dagobert & Methusalem – Geldvermögen, Zeitvermögen & Zinseszinseffekt

Das wäre es doch: Heute schon so vermögend sein wie Dagobert Duck (aber bitte nicht so geizig) und dabei so alt werden wie Methusalem! Es ist zwar nie bekannt geworden, wie viele Milliarden Dagobert Duck besitzt, dafür ist in der Bibel das Alter von Methusalem ganz konkret mit 969 Jahren angegeben. Beide Personen sind ein Synonym für zwei wichtige Kriterien für Deinen finanziellen Erfolg: Geld und Zeit. Um finanziell erfolgreich zu werden und Deine Lebensziele zu erreichen, brauchst Du, wie wir im Laufe des Buches gesehen haben, einen Anfangsbestand an Geld. Naturgemäß hast Du in Deinen jungen Jahren wenig Geld und baust Dir im

Laufe der Jahre ein Vermögen auf - Dein Geldvermögen wächst. Je älter Du wirst, desto kleiner wird aber Deine restliche Lebenszeit – Dein Zeitvermögen schrumpft. Diesen Effekt zeigt die folgende Grafik:

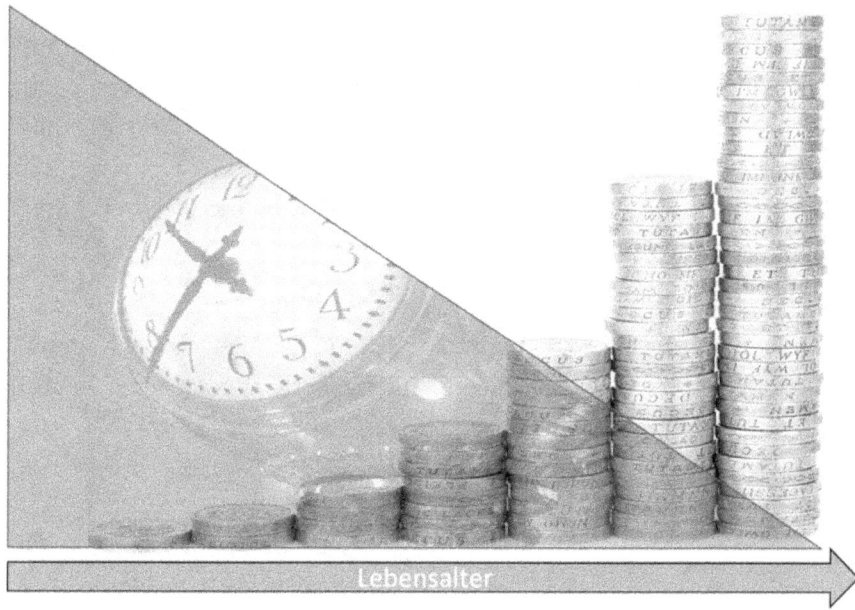

Zeit- und Geldvermögen

Deswegen bezeichne ich oft Kinder und Jugendliche als die reichsten Menschen, da sie das größte Zeitvermögen haben. Diesen Effekt können Jugendliche und junge Erwachsene sehr gut nutzen.

Dazu gebe ich Dir folgendes Beispiel: Max Jung spart ab dem Alter von 20 Jahren jeden Monat 50 €. Moritz Mittel beginnt erst im Alter von 40 Jahren mit einem monatlichen Sparbetrag von ebenfalls 50 €. Beide erhalten einen Zinssatz von 1,5 % pro Jahr. Die Zinszahlung erfolgt monatlich, und die Zinsen werden wieder angelegt. Max und Moritz sparen den jeweiligen Betrag bis zum Alter von 67 Jahren an. Wie entwickelt sich das Vermögen?

Hier ist das Ergebnis:

- Max Jung hat mit 67 Jahren ein Vermögen von 40.918,23 €,
- Moritz Mittel hat mit 67 Jahren ein Vermögen von 19.956,93 €.

Obwohl Moritz mit 27 Jahren fast 60 % der Zeit von Max gespart hat, verfügt er über weniger als die Hälfte des Vermögens von Max. Dieser Effekt kommt von dem Zinseszinseffekt, also dem wiederholten Anlegen von Kapital und Zinsen.

Um in etwa den gleichen Betrag wie Max zu erhalten, müsste Moritz monatlich doppelt so viel sparen. Erst bei einem monatlichen Sparbetrag von 100 € würde der heute 40-jährige Moritz im Alter von 67 Jahren über ein Vermögen von 39.913,87 € verfügen. Der Zinseszinseffekt wäre noch größer, wenn der Zins nicht 1,5 % pro Jahr, sondern beispielsweise 4,5 % pro Jahr betragen würde.

Dieses Beispiel zeigt, wie wichtig es ist, frühzeitig mit dem Vermögensaufbau zu beginnen - früh übt sich! Wenn Du älter als 20 Jahre bist, empfehle ich Dir, HEUTE damit anzufangen bzw. noch eine Schippe draufzulegen! Sicher kennst Du ja die Redewendung:

„Es gibt nichts Gutes, außer man tut es!"

FinanzFitnessTipp Geld- und Zeitvermögen: Nutze die Magie von Geld und Zeit! Wenn Du möglichst jung und regelmäßig sparst, kannst Du am meisten von dem Zinseszinseffekt profitieren. Je später im Leben Du beginnst, ein finanzielles Ziel zu erreichen, desto teurer wird es.

Ohne FinanzFitness keine finanzielle Freiheit. Nun hast Du bereits viel in diesem Buch gelesen und erfahren. Dadurch hast Du Deine FinanzFitness und Dein Finanzwissen bereits deutlich erweitert. Neben dem theoretischen Knowhow musst Du aber auch wissen, wie alles in die Praxis umgesetzt werden kann. Es irgendwie in die Praxis umzusetzen, hilft Dir auf dem Weg in Deine finanzielle Freiheit nicht. Dazu brauchst Du einen individuellen FinanzFitnessPlan, der auf Deine individuellen Bedürfnisse zugeschnitten ist. Die Ausgangsbasis für den FinanzFitness-Plan sind Deine Einnahmen und Ausgaben. Davon ausgehend können Schritte entwickelt werden, die Deinen Umgang mit Geld und Deine Strategie für den systematischen Vermögensaufbau optimieren. Tipps für einen typisierten „durchschnittlichen" Bundesbürger sind für Dich vollkommen wertlos.

Im folgenden Kapitel des Buches steht zunächst eine Bestandsaufnahme Deiner Finanzen und insbesondere Deiner Einnahmen und Ausgaben und Deines Vermögens im Vordergrund. Neben dieser Bestandsaufnahme erläutere ich Dir auch schon erste Kennzahlen, anhand derer Du Deine finanzielle Situation verbessern kannst.

KAPITEL IV: FINANZFITNESSCHECK - DIE BESTANDSAUFNAHME

Der FinanzFitnessCheck

Der FinanzFitnessCheck ist eine der wichtigsten Grundlagen für Deine finanzielle Zukunft. Bildlich gesprochen stellt der FinanzFitnessCheck das Fundament eines Hauses dar - wie würde es um die Stabilität des Hauses stehen, wenn das Fundament mit zu wenig Zement auf einem sandigen Boden gebaut werden würde? Die Antwort: ganz klar, das Haus würde nach kurzer Zeit in sich zusammenfallen. Die investierte Arbeit, die Zeit und das Geld wären zunichtegemacht worden.

Um das Beispiel aus dem Vorwort dieses Buches fortzuführen: Versetze Dich einmal in die Situation, dass Du als neues Mitglied in einem Fitnesscenter aufgenommen werden möchtest. Ohne einen FitnessCheck wirst Du in keinem seriösen Fitnesscenter aufgenommen. Ein Fitness-Check ist die Grundvoraussetzung für die Erstellung eines individuellen Trainingsplans, der nur für Dich persönlich und keinen anderen einen maximalen Trainingserfolg bietet. Wie sieht ein solcher FitnessCheck denn aus? Zunächst werden wichtige Daten von Dir aufgenommen: Alter, Geschlecht, Gewicht, bisherige sportliche Aktivitäten und weitere Eckdaten. In aller Regel wird noch ein Belastungstest gemacht und anschließend überprüft, wie sich der Puls und der Blutdruck im Laufe der zunehmenden Belastung entwickeln. Das Ergebnis des FitnessChecks wird in einem Formular oder in einer entsprechenden Software festgehalten. Erst dann kann es darangehen, Deine FitnessZiele festzulegen und einen entsprechenden Trainingsplan zu entwickeln.

Wie sieht es nun mit dem **Finanz**FitnessCheck für Deine Finanzen aus? Der FinanzFitnessCheck findet in sieben FinanzFitnessSchritten statt:

- FinanzFitnessSchritt 1: Budget mit Einnahmen und Ausgaben erstellen,
- FinanzFitnessSchritt 2: Optimierung des Cashflows,
- FinanzFitnessSchritt 3: Die Bilanz – Vermögen und Schulden,

- FinanzFitnessSchritt 4: Lebensziele festlegen,
- FinanzFitnessSchritt 5: Finanzielle Ziele durch systematischen Vermögensaufbau erreichen,
- FinanzFitnessSchritt 6: FinanzFitnessPlan erstellen und
- FinanzFitnessSchritt 7: Umsetzungstipps systematischer Vermögensaufbau.

Diese sieben Schritte werden in den nächsten Kapiteln dieses Buches inhaltlich beschrieben. Der FinanzFitnessCheck ist als Datei in Form einer Tabellenkalkulation verfügbar. Die ersten sechs Schritte entsprechen jeweils einem Registerblatt der Datei „FinanzFitnessCheck". Das siebte Register stellt die erreichten Optimierungen Deiner Finanzen dar.

FinanzFitnessTipp FinanzFitnessCheck: Wende auf jeden Fall den FinanzFitnessCheck an und fülle alle Tabellen mit Deiner persönlichen Situation aus. Analysiere anhand der im Buch beschriebenen Kennzahlen Deine Situation und plane Deine finanzielle Zukunft. Gehe weg von dem Reagieren hin zu dem Agieren und plane Deinen finanziellen Erfolg! Warte nicht! Tue es jetzt!

Wenn Du jetzt doch noch nicht sofort mit dem Rechentool arbeiten möchtest, kannst Du auch gerne das Buch zunächst zu Ende lesen und anschließend wieder an dieser Stelle einsteigen und das Rechentool bearbeiten.

Andernfalls empfehle ich Dir an dieser Stelle, folgende Webseite der GeldSchule. im Internet aufzurufen:

<u>www.die-geld-schule.de/finanzbildung/buch</u>

Bitte gib in dem Feld „Bitte Code eingeben" folgenden Code ein: „die-geld-schule.de_FinanzFitnessCheck". Nach der Eingabe des Codes kannst Du den Button „Code überprüfen" anklicken. Wenn der eingegebene Code richtig ist, wird ein Button „FinanzFitnessCheck anfordern" angezeigt.

Nach dem Klicken auf diesen Button öffnet sich Dein bevorzugtes E-Mail-Programm mit einer vorformulierten E-Mail an die GeldSchule. Je nach den Einstellungen Deines Computers ist eventuell noch ein E-Mail-Programm auszuwählen. Nach der Überprüfung Deiner E-Mail-Adresse in dem Absender-Feld und dem Einfügen Deines Namens unter der Grußformel kannst Du die Mail bei Bedarf individuell verändern und anschließend absenden. Sollte dies nicht funktionieren, kannst Du unter Angabe des oben genannten Codes direkt eine E-Mail an freiheit@die-geld-schule.de senden. In beiden Fällen sende Dir dann möglichst bald die Excel-Datei „FinanzFitnessCheck" zu Deiner persönlichen Verwendung zu.

Wenn Du die Datei „FinanzFitnessCheck" aus meiner E-Mail abgespeichert hast, ist es ratsam, zusätzlich eine Sicherungskopie abzuspeichern, die dann nicht geändert werden sollte. Da die Datei unverschlüsselt ist, siehst Du alle Formeln und kannst diese bei Bedarf ändern und hast die volle Flexibilität. Der Nachteil ist, dass auch einmal ganz schnell das verlorengeht, was Du eigentlich behalten wolltest. Mit der Sicherungskopie hast Du jederzeit eine Originaldatei auf Deinem Rechner.

Anmerkungen zu dem Rechentool. Alle Register in der Datei sind genau auf die Inhalte des Buches abgestimmt. Warum empfehle ich Dir überhaupt ein selbst erstelltes Rechentool, obwohl es doch einschlägige Finanzsoftware gibt? Zum Teil ist die Software sogar mit entsprechenden Schnittstellen zu sehr vielen Banken ausgestattet. Dadurch ist die automatische Übernahme der Buchungen von Deinem Konto möglich. Tolle grafische Auswertungen sind dort eingebaut, und es ist alles viel einfacher als in einem klassischen Excel-Tool.

Mir ist es jedoch wichtig, dass Du ein tiefes Verständnis für Deine aktuelle finanzielle Situation und Deine persönlichen Optimierungsmöglichkeiten entwickelst. Dazu ist das manuelle Beschäftigen mit Deiner jetzigen und zukünftigen Einkommens- und Vermögenssituation sehr wichtig. Wenn Du alle Inhalte des Buches durchgearbeitet und die Tools ausgefüllt hast, kannst Du Dir immer noch eine solche Software kaufen. Darauf komme ich am Ende dieses Buches noch einmal zurück. Bis dahin hast Du aber bereits alles Wissen, das Du benötigst, und es existiert Dein individueller langfristiger Finanzplan, den Du umsetzen möchtest.

In den Rechentools sind Beispieldaten der „Familie FinanzFit" eingegeben um Dir zu veranschaulichen, wie konkrete finanzielle Verhältnisse in den Tools praktisch aussehen können.

Ich werde in diesem und in den nächsten Kapiteln auf die Familie FinanzFit zu sprechen kommen. Aus diesem Grund beschreibe ich in den folgenden Abschnitten den finanziellen Status Quo dieser Beispiel-Familie.

Der Nobelpreisträger **Albert Schweitzer** hatte einst treffend zusammengefasst:

> **„Ein Beispiel zu geben ist nicht die wichtigste Art, wie man andere beeinflusst. Es ist die einzige."**

Die Familie FinanzFit besteht aus den Eltern und einem 16-jährigen Kind. Wie der Nachname der Beispiel-Familie bereits zeigt, hat sie sich ja schon ein beachtliches Vermögen erarbeitet und gehört mit ihrer finanziellen Situation zu dem oberen Bereich des bundesdeutschen Durchschnitts. Dennoch werden wir in den nächsten Kapiteln deutliche Optimierungsmöglichkeiten finden.

Die drei FinanzFit´s haben sich vor einiger Zeit den Traum von den eigenen vier Wänden verwirklicht und bezahlen somit anstatt einer Miete an den Vermieter eine Darlehensrate an die Bank. Die Eltern Max und Mara FinanzFit arbeiten beide in einem Angestelltenverhältnis und verdienen zusammen netto 3.500 €. Hinzu kommt das Kindergeld für den noch minderjährigen Sohn. Das Kindergeld rechne ich zu den sogenannten „passiven Einnahmen". Damit meine ich nicht, dass Kinder keine „Arbeit" sind, sondern lediglich, dass es keiner zusätzlichen Arbeit bedarf, um den Betrag monatlich überwiesen zu bekommen. Aufgrund der seit Jahren gewachsenen Kostenstruktur gibt die Familie 90 % ihrer monatlichen Einnahmen wieder aus. Für den Betrag, der monatlich übrigbleibt, findet sich meist auch noch eine Verwendung. Was mit dem Betrag genau passiert, weiß die Familie nicht. Sollte sich dennoch (wider Erwarten) über die Monate ein Betrag ansammeln, kauft Max sich zur Geldanlage Uhren oder kleine Goldbarren. Mara überweist auch manchmal ein Betrag auf das Sparbuch oder stockt die Inhaberschuldverschreibungen der Hausbank auf. Ab und zu vergrößert sie auch ihre Schmucksammlung. Meistens jedoch ist das Konto vor den nächsten Gehaltseingängen leer.

Mit dem Thema Finanzen hat sich die Familie bisher immer nur dann beschäftigt, wenn es nicht anders ging. Als zum Beispiel der Hauskauf finanziert werden musste, führte die Familie Gespräche mit ihrer Hausbank. Die Bank war bereit zu finanzieren. Darüber waren Max und Mara sehr erfreut und schlossen die Finanzierung ohne weitere Vergleiche direkt am Beratungstisch der Hausbank ab. Bisher wurde immer spontan entschieden, welche Ausgaben getätigt und welche Anlage- oder Sparprodukte erworben wurden. Zu keinem Zeitpunkt hat sich die Familie Gedanken über eine Optimierung ihrer finanziellen Situation gemacht. Manchmal wurde eine Empfehlung der Hausbank umgesetzt, und ein anderes Mal hatte der Rat aus dem Freundeskreis Vorrang. Um vor dem Einzug die notwendigen Renovierungen an dem selbstgenutzten Eigenheim und den Kauf einer frei geplanten Küche mit Markeneinbaugeräten und einer polierten Granitarbeitsplatte vornehmen zu können, wurde ein Privatkredit aus dem Kreis der Familie genutzt. Durch die hohe Arbeitsbelastung in beiden Jobs mussten Max und Mara Teile der Renovierung von Handwerkern erledigen lassen. Einen weiteren Teil haben sie vor allem an den Wochenenden vor dem Einzug selbst erledigt. Da vor allem die Küche zu Buche schlug, verzichtete die Familie zunächst auf den dringend notwendigen Austausch der Wohnzimmereinrichtung. Die beiden von Max und Mara genutzten PKWs wurden vor fünf Jahren teilweise durch eine attraktive Finanzierungsmöglichkeit bei dem Autohändler finanziert.

Im letzten Frühjahr fand Max über ein Angebot in der Tageszeitung zufällig eine gebrauchte Vespa, die genau seinen Wünschen entsprach. Da Max und Mara aufgrund des relativ niedrigen Kaufpreises von 2500 € nicht schon wieder einen neuen Ratenkredit aufnehmen wollten, entschieden sie sich zur Bezahlung der Vespa über das Kreditkartenlimit. Mit dem Kauf der Vespa war das Kreditkartenlimit dann endgültig ausgereizt.

Vor zwei Monaten leistete sich die Familie dann doch eine neue Wohnzimmereinrichtung. Die befreundeten Nachbarn hatten es geschafft, durch eine neue Wohnzimmereinrichtung ihre gesamte Wohnsituation deutlich zu aufzuwerten. Das Wohnzimmer war das Prachtstück der gesamten Wohnung. Nachdem unsere Familie von der Einweihungsfeier bei den Nachbarn zurückgekehrt war, ging es Mara bei dem Anblick ihrer alten Wohnzimmermöbel gar nicht gut. Kurz entschlossen vereinbarte Familie FinanzFit einen Termin mit dem Möbelverkäufer, den die Nachbarn empfohlen hatten. Der nette Verkäufer des Möbelhauses beriet sehr gut, zeigte vor allem die Qualitätsunterschiede zwischen den preiswerten und den hochwertigeren Möbeln auf. Max und Mara entschieden sich aufgrund der besseren Qualität und des deutlich attraktiveren Designs für die hochwertigeren Möbel. „Mit diesen Möbeln brauchen wir uns nicht zu verstecken." sagte Mara zu Max. Da die Möbel am Ende doppelt so teuer wurden als ursprünglich geplant, mussten die beiden einen weiteren Kredit aufnehmen. Der hilfsbereite Möbelverkäufer unterstützte die beiden sehr, und so schlossen sie noch vor Ort im Möbelhaus einen Ratenkredit zu sehr günstigen Konditionen ab.

Vor einigen Wochen hat Max in der Tageszeitung einen Bericht über den Umgang der Deutschen mit Geld gelesen. Die Kernaussage des Artikels war, dass die Deutschen eine zu geringe Finanzbildung haben und sich meist mit ihren Finanzen nicht beschäftigen. Eine bekannte Verbraucherschutzorganisation empfahl dringend, sich des Themas anzunehmen. Max erinnerte sich an die Unterlagen, die er für die Bank vorbereiten musste, als dort der Kreditantrag gestellt wurde. In diesen Unterlagen war eine Vermögensübersicht enthalten, die er mit den eigenen Daten ausfüllen musste. Er dachte sich, dass diese Übersicht doch ein guter Anfang wäre, um sich einmal ausführlicher mit dem Thema zu beschäftigen. Nach 1 Stunde des Suchens in verschiedenen Ordnern und Ablagen gab er schließlich genervt auf und schaltete den Fernseher ein.

So oder so ähnlich wird es auch der einen oder anderen Familie in der Realität gegangen sein. Mit Sicherheit wird Deine persönliche Situation anders aussehen. Deswegen kannst Du in dem Rechentool Deine persönlichen Daten eingeben. Du hast Die Möglichkeit, den Namen „Familie FinanzFit" durch Deinen Namen zu ersetzen. Wenn Du dies in dem oberen Bereich des Registers „GeldBudget" tust, ändert sich der Name automatisch in allen anderen Registern.

Vorsicht - jetzt kommt Arbeit auf Dich zu! Macht ja nichts, es ist ja für einen guten Zweck. Dein finanzieller Erfolg bis in das Rentenalter hinein rechtfertigt den Einsatz. Auch der Marathonläufer startet mit dem ersten Schritt.

Also los geht's!

Auf dem Weg zum finanziellen Erfolg mit der GeldSchule.

FinanzFitnessSchritt 1: Budget mit Einnahmen und Ausgaben erstellen

Das Ziel des ersten Schrittes ist eine Bestandsaufnahme Deiner aktuellen Einnahmen- und Ausgabensituation. Das bedeutet, viel Papierkram und Kontoauszüge wälzen, aber am Ende stehen die ersten wichtigen Aussagen über Deine finanzielle Ausgangssituation!

Wir starten mit einigen Definitionen.

- **Ist-Budget:** Ein Budget ist die Zusammenstellung von aktuell vorhandenen Einnahmen und Ausgaben. Primäres Ziel eines Budgets ist die Ermittlung des monatlichen Überschusses oder des monatlichen Verlustes. Daraufhin werden entsprechende Optimierungsschritte ausgearbeitet. Ich empfehle die Erstellung eines Budgets auf monatlicher Basis, um die Einnahmen und Ausgaben greifbar zu machen. Jahreszahlen sind abstrakter. Die unregelmäßigen Einnahmen und Ausgaben sind in monatliche Beträge umzurechnen. Ein Budget sollte auf der Einnahmenseite nach aktiven und passiven Einnahmen unterscheiden. Dieses Ist-Budget wird im weiteren Verlauf optimiert (= **Soll-Budget**).

- **Regelmäßige Einnahmen und Ausgaben:** Die regelmäßigen Beträge werden auf Deinem Konto in aller Regel monatlich verbucht. Beispiele hierfür sind das Gehalt oder der Lohn auf der Einnahmenseite oder die Miete und die Nebenkosten auf der Ausgabenseite. Zu beachten ist, dass es gerade auf der Ausgabenseite Beträge gibt, die quartalsweise, halbjährlich oder sogar jährlich von dem Konto abgebucht werden. Oftmals geraten gerade die jährlichen Beträge in Vergessenheit, und wir wundern uns, dass die Autoversicherung und die Kfz-Steuer zusammen ein riesiges Loch auf dem Konto hinterlassen. Wie mit solchen Ausgaben umgegangen werden kann, werden wir später sehen.

- **Unregelmäßige Einnahmen und Ausgaben:** In der Tat gibt es auch unregelmäßige Einnahmen! Dazu würde sicher jeder gerne einen Lottogewinn von 1 Million € zählen, leider sollten wir damit nicht rechnen, denn wir wollen seriös planen. Zu den unregelmäßigen Einnahmen gehören beispielsweise ein 13. Monatsgehalt oder eine Gewinnbeteiligung, falls der Arbeitgeber so nett ist und solche Zahlungen tätigt, wenn ein finanziell erfolgreiches Jahr zu Ende geht. Die unregelmäßigen Ausgaben kommen - wie sollte es auch anders sein - wesentlich häufiger vor als die unregelmäßigen Einnahmen. Beispiele sind fällige Ersatzanschaffungen von Waschmaschine, Kühlschrank und Ähnliches. Die größte unregelmäßige Ausgabe ist für viele von uns nach wie vor der Kauf eines neuen oder gebrauchten Autos. Hier geht es oft gleich um fünfstellige Beträge. Deswegen müssen solche großen Ausgaben genau geplant werden. Andernfalls würden wir bei nicht vorhandenen Rücklagen gezwungen, das Auto mit einem Kredit zu finanzieren.

- **Fixe Ausgaben:** Diese Kostenart beinhaltet oft regelmäßige Ausgaben, wie zum Beispiel Versicherungsbeiträge, Mitgliedsbeiträge oder die Miete. Darüber hinaus können fixe Ausgaben auch unregelmäßige Ausgaben sein. Beispielsweise handelt es sich hierbei um Rücklagen, die monatlich für große Ausgaben angespart werden müssen. Charakteristisch für fixe Ausgaben ist, dass diese Kosten nicht zu vermeiden sind und oft so genannte Grundbedürfnisse abdecken, wie zum Beispiel ein Dach über dem Kopf zu haben. Die fixen Ausgaben treten immer in der gleichen Höhe auf und müssen bezahlt werden. Nicht vorzustellen, was passieren würde, wenn Du Dich dafür entscheidest, dem Finanzamt die Steuernachzahlung nicht zu überweisen.

- **Variable Ausgaben:** Die variablen Ausgaben treten in unterschiedlicher Höhe auf. Das Gute an den variablen Ausgaben ist, dass Du oftmals selbst bestimmen kannst, ob und in welcher Höhe diese Kosten anfallen. Ihr bestimmt durch Euer Verhalten, wie hoch diese Kosten sind.

Ein Beispiel: Du musst Dir neue Klamotten kaufen und fährst mit dem Auto in die Stadt. Und schon geht's los. Bist Du bequem und willst wenig laufen, obwohl Du eigentlich etwas Bewegung gebrauchen könntest? Dann parkst Du im Parkhaus und investierst in die Bequemlichkeit 6,50 €. Kaufst Du die Klamotten im Designerladen für 150 € oder reichen die ebenso schicken Modelle aus dem Kaufhaus für 75 €? Nun ja, und dann hast Du von dem Einkaufsstress Hunger bekommen und darfst selbst entscheiden, ob eine Wurst im Brötchen für 2,50 € reicht oder ob Du Dich um die Ecke beim Italiener für 22,50 € à la carte bedienen lässt. Wenn Du jetzt mitgerechnet hast, fällt Dir auf, dass Du mit drei Entscheidungen über 100 € weniger ausgeben kannst - es sind eben variable und selbst beeinflussbare Ausgaben.

- **Einnahmenüberschussquote:** Die Einnahmenüberschussquote bildet das Verhältnis von Einnahmen und Ausgaben ab. Betragen beispielsweise die Einnahmen monatlich 2.000 € und die Ausgaben 1.750 €, dann liegt eine Einnahmenüberschussquote von 114 % vor. Der Rechenweg lautet: (2.000 € : 1.750 €) × 100. Generell ist eine Einnahmenüberschussquote von über 100 % gut. Sie ist aber auch notwendig, um beispielsweise Kapital zum Investieren anzusammeln. Sobald diese

Quote unter 100 % liegt, wird jeden Monat ein Verlust erwirtschaftet. Auf Dauer führt ein solcher Verlust im besten Fall zum Abschmelzen von vorhandenen Reserven und im schlechtesten Fall zu einer Verschuldung bzw. Überschuldung. Aus diesem Grund ist die Einnahmenüberschussquote eine der wichtigsten Zahlen für das Erreichen der FinanzFitness. Zwischenzeitlich geplante höhere Ausgaben können und müssen natürlich toleriert werden. Liegt die Einnahmenüberschussquote allerdings dauerhaft unter 100 %, sind finanzielle Probleme vorprogrammiert.

Wenn Du jetzt die Datei „FinanzFitnessCheck" öffnest, siehst Du sieben unterschiedlich benannte Register. Das erste Register ist das „GeldBudget". Starten wir also mit dem ersten Schritt auf dem Weg zur FinanzFitness!

Trage nun alle Deine Einnahmen und Ausgaben in die Tabellen des Registers **GeldBudget** ein. In der Tabelle sind aktive Einnahmen blau und passive Einnahmen gelb hinterlegt. Wie bereits beschrieben ist es wichtig, dass Du auch unregelmäßige Einnahmen und Ausgaben berücksichtigst. Überprüfe anhand der Kontoauszüge, wie hoch die jeweiligen Beträge sind und rechne sie auf einen Monat herunter. Der Vorteil dieser Vorgehensweise ist, dass Du automatisch über die nächsten Monate eine Rücklage aufbaust, aus der Du dann unregelmäßige Ausgaben begleichen kannst. Bei den unregelmäßigen Einnahmen hingegen zeigst Du in der Tabelle Einnahmen, die erst später verbucht werden. Die Vorteile einer festen monatlichen Einnahmenüberschussquote überwiegen die Tatsache, dass Du an dieser Stelle höhere monatliche Einnahmen zeigst, als sie wirklich auf Deinem Konto verbucht werden.

Die Differenz zwischen den monatlichen Einnahmen und den monatlichen Ausgaben wird im Folgenden als Cashflow (= Überschuss) bezeichnet. Die Einnahmenüberschussquote setzt die Einnahmen in das Verhältnis zu den Ausgaben. Mit den beispielhaften Angaben der Familie FinanzFit lautet die Rechnung: (3.692 € : 3.311 €) x 100 = 111,51 %). Der Vorteil der Einnahmenüberschussquote im Vergleich zu einer Ausgabenquote ist die Vergleichbarkeit mit anderen Kennzahlen, die Du im Verlaufe dieses Buches noch kennenlernen wirst. Hinterlege die fixen Ausgaben orange und die variablen Ausgaben grün. Wie die Farben bereits andeuten, sind die fixen Ausgaben nicht zu vermeiden. Sowohl an der Einnahmen- als auch an der Ausgabentabelle findest Du über den jeweiligen Spalten Pfeile. Mithilfe dieser Pfeile kannst Du Dir die jeweiligen Zeilen der Tabelle beispielsweise nach der Höhe des eingetragenen Betrages oder nach der hinterlegten Farbe sortieren lassen. Diese Funktion ist ganz besonders wichtig, wenn Du Dir Gedanken machst, wie Du die jeweiligen Positionen interpretieren und optimieren kannst.

Analyse: Da ich nicht wissen kann, was Du in die Tabelle GeldBudget eintragen wirst, beziehe ich mich im Folgenden zunächst auf die eingetragenen Zahlen der Familie FinanzFit. In dem dargestellten Beispiel handelt es sich, wie beschrieben, um einen Drei-Personenhaushalt bestehend aus Mutter, Vater und einem Kind. Die Einnahmen belaufen sich auf 3.692 €, während die Ausgaben mit 3.311 € angegeben sind. Somit entsteht ein monatlicher Einnahmenüberschuss von 381 €. Die Tatsache, dass die Einnahmen damit höher als die Ausgaben sind, schlägt sich in der über 100 % liegenden Einnahmenüberschussquote nieder. Eine Überschussquote von größer oder gleich 100 % wird der entsprechenden Zelle der Tabelle mit einem grünen Haken "belohnt". Liegt die Überschussquote zwischen 75 % und 100 % wird ein Ausrufezeichen angezeigt. Darunterliegende Überschussquoten werden mit einem roten Kreuz "bestraft". Jede Überschussquote von unter 100 % erfordert sofortiges Handeln, sonst bist Du in Zukunft pleite. Die im Beispiel erreichte Quote von knapp 112 % ist zunächst einmal ein gutes Ergebnis. Von den oben genannten Einnahmen sind 192 € Kindergeld. Dieses habe ich mit gelb hinterlegt, d.h. es handelt sich um passive Einnahmen. Wenn Du auch eine Mutter oder ein Vater bist, wirst Du mir sicher zustimmen, dass Kinder alles andere als passiv sind und natürlich mit Kindern sehr viel Arbeit und noch viel mehr Vergnügen verbunden ist. Wie weiter oben beschrieben ist das Kindergeld aber trotzdem eine passive Einnahme, denn Du musst nichts Zusätzliches tun, um es zu erhalten. Es wird jeden Monat auf Deinem Konto verbucht.

In diesem Beispiel habe ich eine positive Ausgangssituation dargestellt, in der eine Einnahmenüberschussquote von über 100 % vorliegt. In der Realität kommt es allerdings oft zu Quoten von unter 100 %. Du könntest zum Beispiel bereits beim Eingeben der Einnahmen und Ausgaben in die Tabelle „GeldBudget" merken, dass es mit einer Einnahmenüberschussquote von über 100 % nichts wird. Dennoch lässt Du Dich nicht entmutigen und gibst alle Zahlen bis zum Schluss ein. Mit einer angezeigten Einnahmenüberschussquote von 80 % bist Du aber doch ziemlich frustriert. Du überprüfst alle Zahlen noch einmal, aber es ändert sich nichts. Die schlechte Nachricht ist, dass Du offensichtlich unter Berücksichtigung aller Kosten jeden Monat einen Verlust erwirtschaftest. Das Geld reicht nicht, um alle Ausgaben zu decken. Wenn Du so weitermachst, wird es sehr schwer mit Deiner FinanzFitness. Du musst sofort handeln. Und damit sind wir bei der guten Nachricht: Du hast das Problem erkannt und kannst, wie im Folgenden beschrieben, sofort damit beginnen, Deine finanzielle Situation zu verbessern.

FinanzFitnessSchritt 1: Aktuelles Budget ist erstellt!

Das waren sehr viele neue Informationen und ebenso viele neue Erkenntnisse. Jetzt ist aber erst einmal Schluss und Du kannst das Buch zur Seite legen und den Computer herunterfahren: Feierabend!

FinanzFitnessSchritt 2: Optimierung des Cashflows

Ziel des zweiten Schrittes ist die Optimierung der Einnahmen und Ausgaben unter Zuhilfenahme des Registers „**GeldOptimierer**" aus der Datei „FinanzFitnessCheck". Die Aufgabe des heutigen Tages ist eine Kernaufgabe für Deine zukünftige FinanzFitness. Nach der Optimierung soll der Cashflow bestenfalls deutlich gestiegen sein. Eine **Optimierung des Cashflows ist entweder durch eine Reduzierung der Ausgaben oder durch eine Erhöhung der Einnahmen** möglich.

Die Reduzierung der Ausgaben ist aus zwei Gründen besonders wichtig:

1. Ausgaben können einfacher reduziert als Einnahmen erhöht werden.
2. **Jeder nicht ausgegebene Euro ist wesentlich mehr wert als ein Euro mehr bei den Einnahmen.** Warum ist das so? Jede Einnahme muss gemäß Einkommensteuergesetz in Deutschland versteuert werden. Maßgebend ist Dein persönlicher Steuersatz. Zusätzlich werden

von Gehaltszahlungen noch die Sozialabgaben, wie zum Beispiel die Rentenversicherungsbeiträge, abgezogen. Dementsprechend wird aus 1 € Einnahme lediglich ein Betrag von beispielsweise 0,70 € übrigbleiben. Jede Ausgabe, die Du tätigst, wird aus dem bereits versteuerten Einkommen bezahlt, das heißt jede Ausgabe reduziert die 0,70 €. Andersherum ausgedrückt musst Du für jeden ausgegebenen Euro bei einem persönlichen Abgabensatz von 30 % entsprechend 1,42 € brutto verdienen. An diesem Beispiel zeigt sich, wie wichtig es ist, die Ausgaben im Griff zu haben.

Vielleicht denkst Du jetzt, dass diese heutige Aufgabe doch eine langweilige Sache werden wird. Ich empfehle Dir aus eigener Erfahrung, diese Aufgabe als eine **sportliche Herausforderung** anzunehmen. Freue Dich über jeden einzelnen Euro, den Du sparen kannst, denn er wird Dich auf Deinem Ziel zum finanziellen Erfolg weiterbringen. Nachdem Du diese Aufgabe gelöst hast, wirst Du eine Liste mit Kosten haben, die Du durch eine Änderung Deines Handelns oder durch das Aushandeln von neuen Verträgen reduzieren kannst. Wenn Du diesen Prozess einmal durchlaufen hast, wirst Du jede Ausgabe erst dann tätigen, nachdem Du überlegt hast, ob sie wirklich notwendig ist.

Ich habe mittlerweile diese Optimierung mehrfach mit sehr guten Ergebnissen durchlaufen. Ganz besonders vorsichtig bin ich jetzt bei dem Eingehen von laufenden monatlichen Verpflichtungen. Bei solchen bindest Du Dich oft über eine lange Laufzeit, und Du kannst diese Kosten nur zu gewissen Terminen optimieren. Viel lieber sind mir einmalige Kosten oder, wenn es nicht anders geht, Verträge mit einer kurzen Laufzeit. Bei solchen Verträgen mit einer kurzen Laufzeit kannst Du immer wieder aussteigen und einen neuen Vertrag abschließen, der eventuell niedrigere laufende Kosten hat. Zudem zählst Du am Ende einer solchen Laufzeit immer wieder als neuer Kunde und kannst entsprechende Neukundenvorteile nutzen. Bei einem Vertrag mag das vielleicht kein großer Vorteil sein, aber konsequent auf alle wiederkehrenden Kosten angewendet, gibt es erhebliche Einsparmöglichkeiten.

Bestimmt ist Dir bereits aufgefallen, dass es bei dem FinanzFitness-Check viele Parallelen zu einer Gewinn- und Verlust-Rechnung oder zu einer Bilanz eines Unternehmens gibt. Vollkommen richtig! Ich bin, wie bereits erwähnt, der Meinung, dass die **privaten Finanzen so professionell wie die Finanzen eines Unternehmens** geführt werden müssen. Nur so ist sichergestellt, dass eine maximale Optimierung möglich ist.

Im Folgenden wird erläutert, welche Stellgrößen bei dem GeldOptimierer zu beachten sind.

Optimierung Ausgaben: In dem angegebenen Beispiel der Familie FinanzFit sind 18 % der Ausgaben variabel und entsprechend 82 % fix. Der Begriff „fix" bedeutet nicht, dass die fixe Ausgabenposition Position Lebensmittel immer in gleicher Höhe bestehen bleiben muss. Der Begriff „fix" zeigt die Notwendigkeit der Position Lebensmittel an. Du kannst aber sehr wohl darangehen, diese Positionen auf Einsparmöglichkeiten hin zu überprüfen. Hier geht es nicht darum, sich das Geld vom Mund abzusparen, sondern sich zu überlegen, was und wo eingekauft wird. Insbesondere dann, wenn die Überschussquote unter 100 % liegt, gibt es die Notwendigkeit, alle Ausgabenpositionen zu prüfen. Ein weiteres Beispiel: Du kannst über Vergleichsportale im Internet durch Vertragswechsel Deine fixen Ausgaben oftmals um 20 % senken und erzielst beispielsweise bei Versicherungen sogar eine bessere Abdeckung von Risiken. Durch den regelmäßigen Wechsel von Stromanbietern, Gasanbietern oder Anbietern von Telekommunikationsdienstleistungen summieren sich die möglichen Ersparnisse bei einer erstmaligen Überprüfung sehr schnell auf 500 € bis 1000 € pro Jahr. Bei einigen Positionen Deiner Ausgabenliste wirst Du nicht darum herumkommen, einen Experten oder Berater hinzuzuziehen. Ein gutes Beispiel dafür ist das Thema Versicherungen. Teilweise haben wir Versicherungen vor Jahren oder Jahrzehnten abgeschlossen und wissen gar nicht mehr, welche konkreten Risiken abgedeckt sind und welche nicht. Hier rate ich Dir, jeden einzelnen Versicherungsvertrag mit einem unabhängigen Berater zu überprüfen. Alleine bei dem Posten Versicherungen lässt sich so viel Geld sparen. Folgende Dinge kannst Du beispielsweise überprüfen: Muss die Vollkaskoversicherung für Dein mittlerweile sieben Jahre altes Auto noch bestehen oder reicht eine Teilkaskoversicherung aus? Wie sieht es mit den Selbstbeteiligungen aus? Du kannst beispielsweise bei einer Haftpflichtversicherung oder Rechtsschutzversicherung durch das Vereinbaren einer Selbstbeteiligung Deine Versicherungsbeiträge deutlich reduzieren. Hier solltest Du Dich danach richten, ob es bei der jeweiligen Versicherung in den vergangenen Jahren Schadensfälle gegeben hat und wie hoch die jeweiligen Schäden waren. Dein unabhängiger Versicherungsberater wird Dir Ratschläge geben, was für Dich Sinn macht oder bei welcher Versicherung auf eine Selbstbeteiligung verzichtet werden soll. Bei einem unabhängigen Versicherungsberater kannst Du unter Beachtung der bestehenden Kündigungsfristen Versicherungsverträge bei verschiedenen Versicherungen abschließen und kannst das beste Preis-Leistungs-Verhältnis auswählen. Wenn Deine Versicherungsverträge bisher vorwiegend bei einer Versicherung sind, kannst Du überprüfen, ob es möglich ist, aufgrund der vielen Verträge einen Rabatt auszuhandeln. Vorteil dieses Vorgehens ist, dass Du durch einen nicht notwendigen Versicherungswechsel Arbeit und Zeit gespart hast, während Du gleichzeitig Geld sparst.

So wie bei dem Thema Versicherungen geschildert, kannst Du alle Ausgabenkategorien entsprechend durchgehen und überprüfen. In den meisten Fällen wirst Du überrascht sein, wie viel Geld Du sparen kannst. Am Ende dieser Optimierung stellst Du Dir bestimmt die Frage, warum Du Dir nicht schon früher mehr Gedanken über Deine Ausgaben gemacht hast.

Ausgabenoptimierung führt zum Ziel

Optimierung Einnahmen: Wie im Kapitel Einkommensarmut bereits dargestellt, ist eine weitere Möglichkeit der Optimierung des Cashflows die Erhöhung der Einnahmen. Du musst natürlich zunächst prüfen, wieviel Deiner Zeit Du in eine mögliche zusätzliche Arbeit investieren möchtest oder kannst. Damit diese Arbeit nicht zu einer weiteren Belastung wird, empfiehlt es sich, ein Hobby zur Aufgabe zu machen. Wenn Du beispielsweise gerne tanzt, kannst Du Dich um einen (Neben-) Job als Tanzlehrer bewerben. Wenn Du gerne malst, kannst Du bereits vorhandene Bilder verkaufen oder im Internet nach einer bezahlten Auftragsarbeit suchen. Ein Hobby als Zweitjob ermöglicht es Dir, Dein Hobby mit Freude auszuüben und sozusagen nebenbei etwas Geld dazu zu verdienen. Bitte mache nicht den Fehler, dieses Thema sofort abzutun nach dem Motto: „Ich habe keine Zeit!" oder „Mir fällt nichts ein!". Es ist auch nicht wichtig, heute oder morgen Deine Einnahmen zu erhöhen. Wichtig ist allerdings, diese Möglichkeit im Hinterkopf zu behalten und ab und zu darüber nachzudenken. Ich bin mir sicher, dass Dir nach ein paar Wochen oder sogar Monaten die eine oder andere Möglichkeit zur Optimierung der Einnahmen einfallen wird. Sprich mit Deinen Freunden und Bekannten über das Thema und halte die Augen und Ohren offen, um zu registrieren, welche Produkte oder Dienstleistungen heute oder morgen benötigt werden.

Änderung Cashflow in %: Die Daten der Familie FinanzFit sehen, wie der Name schon vermuten lässt, recht ordentlich aus. Dennoch gibt es weitere Verbesserungsmöglichkeiten. Ziel des Registers GeldOptimierer ist die Erhöhung des Cashflows durch die oben beschriebenen Maßnahmen. Bei erstmaliger Optimierung kann ohne die Erhöhung der Einnahmen eine Verbesserung des Cashflows um mehr als 30 % ohne Probleme erreicht werden. Deswegen gibt es ab einer solchen Erhöhung, wie in der Erläuterung der Tabelle angegeben, als Belohnung einen grünen Haken.

Anteil Cashflow am Einkommen in %: Als Ziel der Optimierung der Einnahmen und Ausgaben solltest Du Dir vornehmen, den Anteil des Cashflows am Einkommen auf 25 % oder mehr zu steigern. Ab dieser Größenordnung wird es Dir möglich sein, maßgeblich Rücklagen zu bilden, zu sparen und zu investieren. In diesem Beispiel scheint die Quote von 25 %

nicht sonderlich herausfordernd zu sein. Allerdings wird bei vielen Menschen ein ganz geringer Cashflow am Ende eines Monats übrig sein. Es gibt auch Fälle, in denen der Cashflow ein negatives Vorzeichen ausweist. Sollte das auch bei Dir der Fall sein: Lass Dich nicht entmutigen. Du hast eine wichtige Hürde zu Deiner finanziellen Fitness erkannt und kannst in den nächsten Wochen und Monaten daran arbeiten, einen positiven Cashflow zu erreichen.

Einnahmenüberschussquote: Die Familie FinanzFit hat alleine durch die Optimierung der Ausgaben die Einnahmenüberschussquote von ca. 111 % auf 119 % gesteigert. Anstatt 381 € bleiben jetzt 587 € pro Monat übrig. Das ist doch ein ordentlicher Betrag, mit dem die Familie sich auf den Weg zur erfolgreichen finanziellen Zukunft machen kann!

Soll-Budget festlegen: Nachdem Du die Einnahmen und Ausgaben wie oben beschrieben optimiert hast, sind automatisch neue Werte für Dein Budget entstanden. Diese berechnen sich aus den ursprünglichen Werten Deines Ist-Budgets und den festgelegten Optimierungen. Wenn Du möchtest, kannst Du Dir die Datei FinanzFitnessCheck unter einem neuen Namen abspeichern und dann in dieser Tabelle die neuen Werte Deines neuen Budgets eintragen. Der Vorteil dieses Vorgehens ist, dass Du somit bereits eine Ausgangsbasis für eine Wiederholung der Optimierung geschaffen hast. Alternativ kannst Du die bestehende Tabelle so lassen und mit dem nächsten Schritt weitermachen.

Ich hoffe, dass Dir die Optimierung ein bisschen Spaß gemacht hat. Wie eingangs gesagt, empfehle ich Dir, diese Aufgabe als kleinen sportlichen Wettbewerb aufzufassen. Der „Gegner" in diesem **FinanzFitness-Wettbewerb** sind die Ausgaben. Jeder auch noch so kleine Erfolg gegen diesen Gegner wird Dich dem Sieg ein Stück näherbringen. An dieser Stelle bewahrheitet sich auch das Sprichwort: „Kleinvieh macht auch Mist." Das vor fünf Jahren abgeschlossene Abonnement einer Zeitschrift, die Du nicht mehr liest, der Vereinsbeitrag, der ohne entsprechenden Nutzen monatlich abgebucht wird, die Versicherung, die Du nicht mehr brauchst, sind alles oft vorkommende und unnötige Ausgabenpositionen. Wenn Du in dieser ersten Runde Deinen Gegner besiegt hast, kannst Du Dir zum Beispiel schon eine zweite Runde terminieren. Zwischen dem

Festlegen der Einsparmöglichkeiten und der konkreten Umsetzung können bei den einzelnen Positionen teilweise nur Minuten, aber auch aufgrund von erforderlichen Kündigungen mit Kündigungsfristen etc. schon einige Wochen oder sogar Monate liegen. Arbeite die von Dir festgelegten Maßnahmen zur Erhöhung der Einnahmenüberschussquote konsequent ab. Nach sechs Monaten kannst Du diesen „FinanzFitness-Wettbewerb" wiederholen und bekommst vielleicht neue Ideen wie Du Deinem Gegner, den Ausgaben, auf die Pelle rücken kannst. Ziel ist auf jeden Fall, dass Du nicht den Schlendrian einkehren lässt und neue Kosten produzierst, die sich zumindest zum Teil vermeiden lassen.

FinanzFitnessSchritt 2: Optimierung des Cashflows ist erledigt! Das war wieder viel Arbeit. Mir ist bewusst, dass eine Umsetzung der Ausgabenreduzierungen und Einnahmensteigerungen natürlich nicht an einem Tag zu schaffen ist. Was aber an einem Tag geschafft werden kann ist, den Handlungsbedarf festzulegen und die Höhe der Einsparungen zu kalkulieren bzw. zumindest zu schätzen.

FinanzFitnessSchritt 3: Die Bilanz – Vermögen und Schulden

Jetzt wird es ernst! Bisher haben wir uns mit den laufenden Einnahmen und Ausgaben beschäftigt. Du hast eine Optimierung vorgenommen, auf jeden Fall Deine Ausgaben reduziert und eventuell sogar Möglichkeiten gefunden, Deine Einnahmen zu erhöhen.

Bereits in der Vergangenheit hast Du Einnahmen und Ausgaben getätigt, Du hast Verträge abgeschlossen, Kredite aufgenommen, Vermögensgegenstände gekauft oder verkauft, Kredite zurückgezahlt usw. Das Ergebnis Deiner vergangenen Geldaktivitäten spiegelt sich in einer Übersicht der Vermögenswerte und der Verbindlichkeiten wider. Diese Übersicht bezeichne ich im Folgenden mit dem Begriff „**GeldBilanz**". Gleichzeitig ist die GeldBilanz auch ein weiteres Register in der Datei „FinanzFitnessCheck".

Was aber bedeutet eigentlich das Wort „Bilanz"? Es stammt von dem lateinischen Wort „bilancia" ab und heißt auf Deutsch „Balkenwaage".

Balkenwaage = „bilancia" = Bilanz

In einem Unternehmen ist die Summe der Vermögensgegenstände und der Verbindlichkeiten immer identisch, die Balkenwaage trägt also auf beiden Seiten das gleiche Gewicht und ist ausgeglichen. In einer privaten Bilanz kann es aber sehr wohl zu deutlichen Unterschieden zwischen den Vermögenswerten und den Schulden kommen. Das Fitnessziel des dritten FinanzFitness-Schrittes ist es, Deine **persönliche GeldBilanz** zu **erstellen**, wichtige Kennzahlen zu berechnen und die Ergebnisse zu bewerten.

Hast Du Lust dazu?

Wenn ja: Super! Dann geht's los.

Wenn nein: Auch gut! Dann mach einfach einmal eine Pause und Du liest einfach weiter, wenn Du wieder Lust hast!

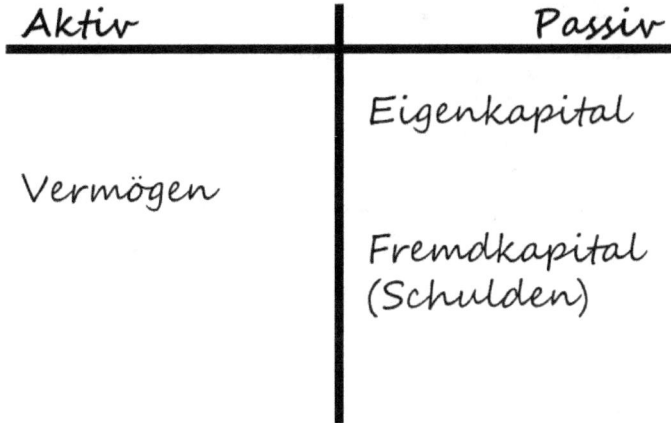

Beispielhafte Unternehmensbilanz

Zunächst betrachten wir wieder die wichtigsten Definitionen und Kennzahlen, die für die Erstellung einer GeldBilanz notwendig sind:

Vermögensgegenstände: Analog zu der bereits beschriebenen Einteilung der Schulden in gute Schulden und schlechte Schulden können auch die verschiedenen Vermögenswerte in gutes Vermögen und schlechtes Vermögen eingeteilt werden.

Nach dieser Definition sind **gute Vermögenswerte** die Vermögenswerte, die eine Rendite erwirtschaften und somit das eingesetzte Kapital verzinsen. Als Beispiel lässt sich hier ein festverzinsliches Wertpapier anführen, das bei einem eingesetzten Kapital von 100 Euro eine Verzinsung von 2 % pro Jahr, also zwei Euro pro Jahr, abwirft. Ein anderes Beispiel ist die bereits erwähnte vermietete Immobilie, die beispielsweise eine Rendite von 8 % pro Jahr abwirft.

Schlechte Vermögenswerte sind dementsprechend die Gegenstände, die keine positive Rendite haben oder sogar eine negative Rendite besitzen. Was ist denn das schon wieder, fragst Du Dich vielleicht – eine negative Rendite? Die negative Rendite ist nichts anderes als ein Verlust, der nach dem Kauf des Vermögensgegenstandes eintritt. Ob dieser Verlust geplant oder ungeplant eintritt, ist an dieser Stelle nicht relevant. Beispiel für einen solchen Vermögensgegenstand ist der privat genutzte PKW. Einem Kaufpreis eines jungen gebrauchten PKW von 15.000 € steht bei einer angenommenen restlichen Nutzungsdauer von zehn Jahren ein Wertverlust von durchschnittlich 10 % des Kaufpreises pro Jahr gegenüber. Bei einem Neuwagen ist der Anschaffungspreis höher und der Verlust in den ersten Jahren überproportional. Dazu kommt die Tatsache, dass laufend Steuern und Versicherungsbeiträge bezahlt werden müssen und der PKW Kraftstoff verbraucht. Letztendlich kommen noch Reparaturen und Wartungen auf den Besitzer zu. Rein finanziell betrachtet ist der Besitz eines Autos - wie bereits weiter oben erläutert - eine geordnete Geldvernichtung. Dementsprechend kann man ein Auto als schlechten Vermögensgegenstand bezeichnen. Dies wird in der Finanzliteratur von einigen Autoren so gemacht. Allerdings wird dabei außer Acht gelassen, dass das Auto oft notwendig ist um zur Arbeit zu fahren. Damit dient der PKW indirekt der Generierung von Einnahmen, ganz zu schweigen von der Freude, unabhängig und frei von dem Ort A zu dem Ort B fahren zu können. Manche Experten betrachten auch die selbst genutzte Immobilie als einen schlechten Vermögenswert, da sie keine Einnahmen bringt, aber Geld kostet. Wie bereits in dem Kapitel „Gute Schulden" dargestellt, zähle ich die für eine selbst genutzte Immobilie aufgenommene Immobilienfinanzierung zu den guten Schulden. Dementsprechend ist die selbst genutzte Immobilie auch ein guter Vermögensgegenstand.

Eine Unterscheidung in gute und schlechte Vermögensgegenstände ist letztendlich auch von Deinen persönlichen Lebensumständen abhängig. Deswegen sehe ich generell von einer Unterscheidung zwischen guten und schlechten Vermögensgegenständen in dem FinanzFitnessCheck ab. Ein Gegenstand ist ein Gegenstand und muss allerdings konsequenterweise regelmäßig auf den aktuellen Wert hinauf oder herunter korrigiert werden. Die mit einem solchen Vermögensgegenstand verbundenen Kosten wurden bereits in dem GeldBudget berücksichtigt.

Bei den Vermögensgegenständen empfehle ich jedoch, eine Unterteilung in verschiedene Kategorien vorzunehmen. Beispiele dafür sind in dem Registerblatt GeldBilanz angeführt: Immobilien, Kapitalanlagen, Liquidität oder persönliches Eigentum. Entsprechend diesen Kategorien kannst Du nun Deine persönlichen Vermögensgegenstände in die Tabelle eintragen.

Sehr wichtig sind an dieser Stelle die **Werte der Vermögensgegenstände**, mit denen Du diese aktuell bewertest. Bei einigen Gegenständen fällt die Festlegung eines aktuellen Wertes sehr leicht. Bei anderen Vermögensgegenständen musst Du den Wert teilweise schätzen. Dabei kannst Du Dir verschiedene Verkaufsplattformen im Internet zu Nutze machen. Bei einem Auto kannst Du beispielsweise mit den wichtigsten Kerndaten einen relativ exakten Marktwert über das Internet bestimmen. Bei einer Immobilie ist dies etwas schwieriger. Hier kannst Du beispielsweise über die Immobilienabteilung Deiner Bank Rat einholen. In einigen Bundesländern ist es sogar möglich, sich eine Marktpreisschätzung gegen ein kleines Entgelt erstellen zu lassen. Zuständig dafür sind die Behörden, die eine sogenannte Kaufpreissammlung erstellen. Dort werden die einzelnen Immobilienverkäufe des jeweiligen Bundeslandes gesammelt. Nach dem Erwerb eines Grundstückes erhält der Käufer in aller Regel von der entsprechenden Behörde ein Formular zugesendet. Neben dem bereits im Kaufvertrag festgelegten Kaufpreis soll der Käufer Angaben zur Wohnfläche, der Geschosszahl usw. machen. Anhand dieser Daten werden zum Beispiel durchschnittliche Preise je Quadratmeter Wohnfläche berechnet, die dann die Bewertungsbasis der angefragten Immobilie bilden. Daraus errechnet die Behörde einen angemessenen Marktwert, der entsprechenden Interessenten via Internet zur Verfügung gestellt wird. Alternativ kann ein entsprechender Marktwert über einen Makler geschätzt werden. Ziel einer solchen Aufstellung der Vermögenswerte ist nicht die 100-prozentige Genauigkeit der Wertermittlung, sondern der angemessene Ansatz eines ungefähren Wertes.

Die Familie FinanzFit hat bereits alle Werte der Vermögensgegenstände in die Tabelle eingetragen. Damit kommt in der Summe ein hoher Gesamtwert von 448.325 € zusammen.

Schulden: Ähnlich wie bei den Gegenständen kannst Du nun Deine Schulden in die Tabelle eintragen. Trage bitte alle Schulden ein. Wichtig ist, dass Du lediglich die in Anspruch genommenen Schulden einträgst. Wenn Du beispielsweise auf Deinem Girokonto ein Kreditlimit von 5.000

€ hast, dieses aber gar nicht in Anspruch genommen hast, ist nichts in der Tabelle einzutragen. Analog gehst Du bei den eventuell bestehenden Immobilienkrediten vor. Hier bekommst Du von Deiner Bank jedes Jahr einen Kontoauszug Deines Kreditkontos zugesendet. Durch bereits erfolgte Tilgungen hat sich beispielsweise die Höhe der Finanzierung der Familie FinanzFit von ursprünglich 300.000 € auf den aktuellen Betrag von 275.000 € reduziert. Nachdem Du alle Schulden eingetragen und die Inhalte in den nicht benötigten Feldern gelöscht hast, rechnet das Tabellenkalkulationsprogramm die Summe Deiner Schulden zusammen.

Durch steigendes Nettovermögen Wohlstand erreichen

Nettovermögen: Das Nettovermögen ist die Differenz aus der Summe der Werte Deiner Vermögensgegenstände einerseits und der Schuldensumme andererseits. Wenn das Nettovermögen eine positive Zahl aufweist, hast Du bereits eine gute Voraussetzung, um Deinen weiteren Weg zum finanziellen Erfolg gehen zu können. Ist hingegen das Nettovermögen negativ, musst Du sofort darangehen, Deine Schulden abzubauen. Das wird später genauer geschildert. Das **Nettovermögen ist eine wichtige Steuerungsgröße für private Finanzen**.

Verschuldungsquote: Die Verschuldungsquote bezeichnet den Anteil der Schulden am Gesamtvermögen. Wenn das Nettovermögen positiv ist, muss die Verschuldungsquote unter 100 % liegen. Je niedriger die Verschuldungsquote ist, desto besser ist dies generell. Warum generell? Das hängt wiederum mit dem Thema gute Schulden und schlechte Schulden zusammen. Wenn mit guten Schulden rentable Investitionen getätigt werden, ist das positiv zu beurteilen. Dann kann es bei risikoarmen Investitionen je nach Einzelfall wünschenswert sein, eine Verschuldungsquote von über 50 % zu haben, da aus der Investition laufende Einnahmen generiert werden. In dem Fall der Familie FinanzFit ist die Verschuldungsquote von ca. 88 % zu hoch, da das größte Darlehen für das selbstgenutzte Haus verwendet wurde. Wie oben beschrieben, bringt dieses zwar keine Rendite, aber es verhindert Mietkosten. In diesem Beispiel ist ein Privatdarlehen eingetragen. Sollte der private Geldgeber sein Geld kurzfristig wieder benötigen und muss zum Beispiel gleichzeitig ein neues Auto finanziert werden, kann das bereits schon für Schwierigkeiten sorgen. Also muss, wie bei allen Kennzahlen, der Einzelfall geprüft werden. Zusätzlich hat die Familie Kreditkartenschulden, PKW-Kredite und sonstige Ratenkredite abzubezahlen. Die Verschuldungsquote von 88 % zeigt dringenden Handlungsbedarf auf. In jedem Fall muss die Verschuldungsquote niedrig genug sein, um jederzeit die laufenden und anstehenden außerordentlichen Ausgaben leisten zu können. Andernfalls ist eine Überschuldung nicht mehr weit!

Wohlstandsfaktor: Dieser Faktor gibt an, wie viele Monate Du, ohne laufende Einnahmen, die monatlichen Ausgaben decken kannst. Wenn Du in einem Angestelltenverhältnis arbeitest, alle Deine Einnahmen daraus generierst und den Job kündigst, musst Du von Deinem Nettovermögen leben. Die Familie FinanzFit kann von dem Nettovermögen von 53.325 € insgesamt 17 Monate und damit fast 1,5 Jahre leben. Das ist schon eine sehr gute Relation, viele Menschen würden bereits nach einem Monat in Schwierigkeiten kommen. Wenn in Deiner persönlichen Situation bei dem Wohlstandsfaktor eine Zahl von unter 6 steht, ist mein Rat, schnellstmöglich eine entsprechende Liquiditätsreserve aufzubauen. Bei Angestellten wird bei Arbeitslosigkeit in den meisten Fällen die Arbeitslosenversicherung einspringen, um die entstehende Lücke zeitweise zu schließen. Bei Selbständigen ist das nicht der Fall. Auch ohne Berücksichtigung einer Arbeitslosigkeit ist eine Liquiditätsreserve von 6 Monatseinnahmen zu empfehlen. Wie bereits beschrieben empfiehlt sich erst darüber hinaus eine weitergehende Verwendung der Liquidität zum Sparen oder Investieren.

Vermögensrendite: Die Vermögensrendite setzt die passiven Einnahmen in Relation zu dem gesamten Vermögen. Du wirst Dich nun sicherlich fragen, warum die Vermögensrendite lediglich die passiven Einnahmen und nicht alle Einnahmen zusammen in Relation zu dem Vermögen setzt. Der Grund ist, dass die aktiven Einnahmen, wie bereits dargestellt, wegfallen können. Renditen stellen zum Beispiel Zinsen dar, die auf eine Anlagesumme gezahlt werden. Wenn Du ein festverzinsliches Wertpapier mit einer Rendite von einem Prozent kaufst, wird Dir der Zins ohne weitere Aktivität ausgezahlt. Somit stellen Renditen generell passive Einnahmen in Relation zu einer Anlagesumme dar. Die Familie FinanzFit hat eine Vermögensrendite von lediglich 0,51 %. Diese niedrige Gesamtkapitalrendite bedeutet, dass die Familie deutlich zu wenig Focus auf passive Einnahmen gelegt hat. Mein Rat an dieser Stelle ist eine Erhöhung der passiven Einnahmen, um die Vermögensrendite im Verlauf der nächsten Jahre deutlich zu steigern. Ideen und Möglichkeiten hierzu habe ich bereits im Abschnitt „Passive Einnahmen" beschrieben. Eine optimale Höhe der Vermögensrendite gibt es nicht. Wie bereits erwähnt, empfehle ich generell, die passiven Einnahmen kontinuierlich über einige Jahre hinweg so zu erhöhen, dass ein möglichst hoher Anteil der laufenden Ausgaben durch sie gedeckt wird.

FinanzFitnessSchritt 3: Die GeldBilanz ist erstellt. Nun hast Du einen genauen Überblick über Deine Finanzen und hast gleichzeitig bereits wichtige FinanzFitnessZahlen kennengelernt. An dieser Stelle endet die Bestandsaufnahme Deiner persönlichen Finanzen. In dem nächsten Kapitel des Buches werden wir einen ersten Blick in die Zukunft wagen und damit einen weiteren Schritt in Richtung Deines finanziellen Erfolges gehen.

KAPITEL V: FINANZFITNESSCHECK - DIE ZUKUNFT PLANEN

Die Bedeutung von Planung & Zielfestlegung

Eine der schwierigsten Aufgaben ist die Planung von zukünftigen Entwicklungen. Denn all diesen zukünftigen Entwicklungen ist gemeinsam, dass sie schwer vorhersehbar sind. Gerade im Bereich der Finanzen ist eine Vorhersage sehr schwierig. Damit meine ich nicht nur mögliche Entwicklungen an den Finanzmärkten oder in allen Bereichen der Wirtschaft. Ich meine ganz konkret Deine finanzielle Zukunft. Beginnen wir einmal mit möglichen positiven Entwicklungen: Du setzt Dich weiterhin in allen beruflichen Belangen sehr stark ein, und Deine Vorgesetzten befördern Dich. Im Laufe der nächsten drei Jahre erhöht sich Dein Gehalt maßgeblich, und Dir stehen monatlich wesentlich höhere Einnahmen zur Verfügung. Diese schöne Entwicklung ermöglicht es Dir, bei dem bereits beschriebenen systematischen Vorgehen, eine Erhöhung der monatlich zu sparenden Beträge. Sehr gut! Es kann aber auch in die andere Richtung gehen bis hin zu einer länger andauernden Arbeitslosigkeit, in deren Folge alle geplanten Spar- und Investitionsziele unrealisierbar sind.

Jetzt könnte man denken, dass es gar keinen Sinn macht, sich über eine unvorhersehbare Zukunft Gedanken zu machen. Dieser Meinung bin ich nicht, denn ohne Planung stocherst Du im Nebel und Du kannst gerade einen Fuß vor den anderen setzen. Zusätzlich musst Du dann, bildlich gesprochen, nach unten schauen, um nicht hinzufallen. Ein Ziel auf Augenhöhe kannst Du jedenfalls nicht focussieren, da Du keines hast.

Du bist im alten Trott:

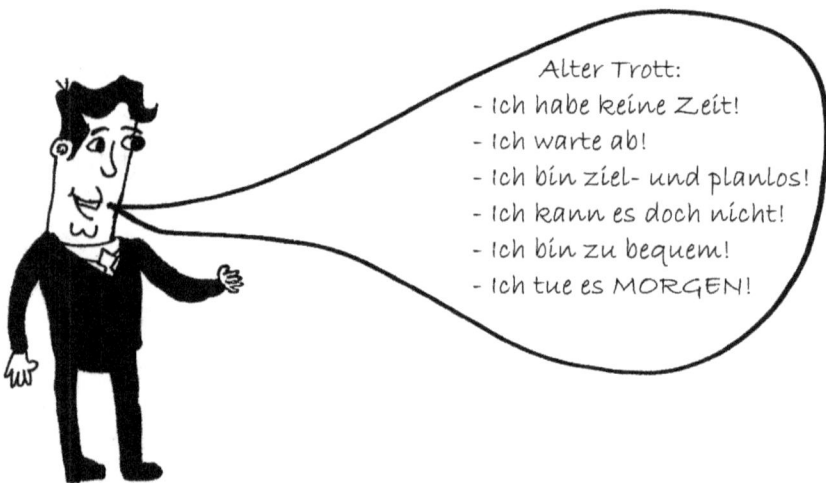

Alter Trott:
- Ich habe keine Zeit!
- Ich warte ab!
- Ich bin ziel- und planlos!
- Ich kann es doch nicht!
- Ich bin zu bequem!
- Ich tue es MORGEN!

Bei einer guten Planung geht es Dir besser, selbst wenn Dein Plan sich nicht exakt in die Realität umsetzen lassen kann. Deswegen empfehle ich Dir:

Mach Schluss mit dem alten Trott!
Beginne JETZT mit der Planung Deiner Zukunft!

Eine Planung hat vier wichtige Funktionen: Orientierungsfunktion, Entscheidungsfunktion, Motivationsfunktion und Belohnungsfunktion.

Orientierungsfunktion: Sicher bist Du auch schon einmal zu einem Spaziergang oder einer Wanderung aufgebrochen. Spätestens wenn Du die Straße erreicht hast, musst Du Dich entscheiden: Links herum oder rechts herum? Du hast sicher schon gemerkt, auf was ich hinaus möchte. In aller Regel wirst Du zuerst das Ziel Deiner Wanderung festlegen und anschließend geplant nach links oder rechts gehen. Nur so kannst Du Dein Ziel erreichen. Bei dem Thema Finanzen ist es genauso: Nur, wenn Ziele im Rahmen einer Planung festgelegt werden, können sie auch erreicht werden. Somit hat auch eine Finanzplanung eine Orientierungsfunktion.

Entscheidungsfunktion: Diese Funktion einer Planung lässt sich auch mit unserem Beispiel eines Spaziergangs erklären. Wenn der Plan steht und das Ziel ins Visier genommen ist, kann ich entscheiden, ob der Weg nach links oder nach rechts zum Ziel führt. Ohne eine Planung kann ich zwar auch entscheiden, ob ich nach links oder rechts gehe, aber ich weiß nicht, wo ich ankommen werde. Anders ausgedrückt bin ich in diesem Fall einfach nur planlos.

Motivationsfunktion: Selbst die beste Planung kann nicht verhindern, dass die Realität anders als die Planung verläuft. In diesem Fall hilft der Blick auf die Planung, die einem wieder auf den richtigen Weg zur Zielerreichung bringt. Eine gute Planung muss einerseits herausfordernd, ambitioniert und andererseits realistisch sein. Nur dann ist Planung motivierend.

Belohnungsfunktion: Ein großer Vorteil der Planung von Zielen ist die Möglichkeit, Dich zu belohnen, wenn Du ein geplantes und klar definiertes Ziel erreicht hast. Durch das Erreichen von Zielen wird das Selbstwertgefühl gesteigert. Wir sind stolz auf das, was wir erreicht haben. Wir freuen uns darüber, dass wir über Stock und Stein gestiegen sind und das Ziel nie aus den Augen verloren haben. Nach dem Erreichen von Zielen macht es Spaß, sich selbst zu belohnen und beispielsweise – je nach Wichtigkeit des erreichten Ziels – eine längere Pause einzulegen, schön Essen zu gehen oder ein Wochenende in den Bergen zu verbringen. Wenn wir es schaffen, bei der Planung der Ziele eine Belohnung festzulegen, motiviert dies uns sehr. Möchtest Du Dir eine Belohnung gönnen, wenn Du das Buch zu Ende gelesen hast? Wie aber werden Ziele so festgelegt, dass sie motivierend wirken? Darum geht es in dem nächsten Abschnitt.

Zielfestlegung: Du hast sicher auch selbst gute Erinnerungen an Situationen, in denen Du Dir etwas vorgenommen und dann auch erreicht hast.

SMART-Methode

Am besten erreichst Du Deine Ziele, wenn sie nach der **SMART-Methode** festgelegt werden. Nach dieser Methode sollen Ziele

Spezifisch,

Messbar,

Attraktiv / Akzeptiert,

Realistisch und

Terminiert sein.

Gerade bei finanziellen Zielen empfehle ich, dieses Vorgehen zu beachten. Welche Folgen ein Steuern auf Sicht haben kann, hat uns der Untergang der Titanic gelehrt.

Jetzt schauen wir uns aber zunächst die konkrete Bedeutung der einzelnen Schritte der SMART-Methode an.

Spezifische Ziele: In dem Zusammenhang mit der Zielfestlegung bedeuten spezifische Ziele solche Ziele, die eindeutig beschrieben und unverwechselbar definiert sind. Wenn ich mir vornehme, 500 km auf dem Jakobsweg nach Santiago de Compostela zu wandern, habe ich das Ziel nicht erreicht, wenn ich 500 km in China unterwegs bin.

Messbare Ziele: Ziele sind dann messbar, wenn eine klare Einheit bzw. Größe oder definierte Maßeinheit angegeben ist. Wenn Du beispielsweise selbständig bist und Dir vornimmst, im nächsten Jahr in Deinem Unternehmen aus dem diesjährigen Verlust einen Gewinn zu machen, reicht das als Ziel nicht aus, da es nicht klar genug definiert ist. Reichen 100 € oder erst 5.000 € zur Erreichung des Ziels aus? Richtiger wäre es, als Ziel einen Nettogewinn in 2018 von zum Beispiel 12.000 € nach Steuern festzulegen. Diese Messbarkeit hat den Vorteil, dass die Möglichkeit, sich selbst zu betrügen, deutlich kleiner ist. Aber wer will sich denn schon selbst betrügen?

Attraktiv / Akzeptiert: Attraktive Ziele sind die Ziele, die uns motivieren und antreiben, sie zu erreichen. Wenn mehrere Beteiligte an der Zielvereinbarung mitarbeiten (zum Beispiel in Unternehmen), ist es sehr wichtig, dass die definierten Ziele von möglichst vielen Teammitgliedern akzeptiert sind. Dies verhindert eine Diskussion über die Sinnhaftigkeit des einen oder des anderen Ziels. Genauso verhält es sich bei finanziellen Zielen, die Du für Dich selbst formulierst: Du solltest sie auch dann für erreichenswert erachten, wenn es „schmerzhafte" Ziele sind. Die Rückzahlung von schlechten Schulden zum Beispiel für den finanzierten Fernseher oder Computer macht an sich keinen Spaß. Wenn Du jedoch akzeptiert hast, dass es besser ist, keine schlechten Schulden zu haben, wird sich dieses Ziel für Dich gleich viel attraktiver anfühlen.

Realistisch: Für die meisten Menschen ist die Besteigung des Mount Everest sehr unrealistisch; es fehlen die Erfahrung im Bergsteigen, die Kondition, die notwendige Ausrüstung und das notwendige Team. Damit ist die Besteigung des Mount Everest unrealistisch. Realistisch hingegen ist das Wandern auf den Gipfel des höchsten Berges im nahen Mittelgebirge. Übertragen auf die FinanzFitness-Themen ist das Ansparen eines Eigenkapitals von 500.000 € für den Kauf einer 5 Millionen € teuren Villa am Meer meistens unrealistisch. Der Aufbau eines Eigenkapitals von 30.000 € in den nächsten fünf Jahren für den Kauf eines selbstgenutzten Eigenheims mit Einliegerwohnung ist hingegen vielleicht gerade noch im Bereich des Möglichen. Ziele können sehr wohl anspruchsvoll und herausfordernd sein, dürfen aber nie unrealistisch sein, da sie sonst demotivieren.

Terminiert: Dieser Punkt versteht sich fast von selbst. Ohne eine klare Terminierung fehlen der Focus und der Zeitdruck. Wir lassen uns von den Dingen treiben und stellen mehr oder minder überrascht fest, dass kein Ziel erreicht wurde. Ein fester Termin für die Erreichung eines Ziels ist also notwendig. Ich empfehle, ein einmal definiertes Ziel in den Kalender einzutragen. Damit wird das Ziel automatisch sichtbar. In elektronischen Kalendern empfiehlt es sich, Zielen eine spezielle Farbe zuzuordnen, damit jederzeit klar ist, dass es sich bei einem eingetragenen Termin um ein von mir definiertes Ziel handelt.

Soweit so gut. Die SMART-Methode ist ja eigentlich selbsterklärend. Was aber haben Effektivität und Effizienz mit dem Erreichen von Zielen zu tun?

Effektivität und Effizienz

In Bezug auf das Erreichen von Zielen ist die Unterscheidung zwischen Effektivität und Effizienz sehr wichtig.

Effektiv sein heißt, die **richtigen Dinge zu tun**, die mich meinem Ziel näherbringen. Wenn von diesen Dingen mehr getan wird, erreiche ich meine Ziele in kürzerer Zeit. Tue ich von diesen Dingen weniger, dann dauert die Zielerreichung länger. Anders ausgedrückt heißt Effektivität nichts anderes als die richtigen Dinge zu tun. Hier wird das Verhältnis zwischen dem erzielten Ergebnis und dem definierten Ziel betrachtet.

Effizient sein heißt, die **Dinge richtig zu tun**. Wenn ich effizient arbeite, erreiche ich beispielsweise mein Ziel in einer sehr kurzen Zeit. Bei der Effizienz wird also das Verhältnis zwischen dem erzielten Ergebnis und dem damit verbundenen Aufwand betrachtet.

An folgendem Beispiel wird klar, dass jeder Mensch trotz effizienten Arbeitens komplett an den eigenen Zielen vorbei arbeiten kann: Wenn ich mir vorgenommen habe, heute fünf Seiten in meinem Buch zu schreiben, habe ich ein klar definiertes Tagesziel. Nach zwei Stunden konzentriertem Schreiben klingelt das Telefon. Ein Kunde bittet mich, in den nächsten Tagen seine Vermögensstruktur zu überprüfen und Änderungsvorschläge zu unterbreiten. Da mich das Thema sehr interessiert, lasse ich das Buch links liegen und widme mich zwei Stunden der Analyse und Optimierung der Vermögensstruktur meines Kunden. Die restliche Zeit nehmen Mails, Social Media und andere Dinge in Anspruch. Am Ende des Arbeitstages stellt sich die Situation wie folgt dar: Mein Tagesziel wurde nicht erreicht, da ich nur drei Seiten in dem Buch schreiben konnte. Anders ausgedrückt war ich nicht effektiv genug, um mein Tagesziel zu erreichen. Auf der anderen Seite habe ich in nur zwei Stunden eine Vermögensstruktur überprüft und Optimierungsvorschläge unterbreitet. An dieser Stelle war ich sehr effizient unterwegs und habe meinem Kunden früher als geplant ein Ergebnis präsentieren können. Nun ist der Tag vorbei und ich war trotz effizienter Arbeit nicht effektiv genug, da ich mein ursprüngliches Tagesziel nicht erreicht habe.

Effektives Arbeiten bringt mich meinem Ziel näher - ich tue die richtigen Dinge. Wenn ich jetzt noch effizient an den richtigen Dingen arbeite, steht einer Zielerreichung nichts mehr im Weg.

Fazit: Zusammenfassend ist festzuhalten, dass die Zukunft nicht vorherzusagen ist. Allerdings hilft eine umfassende Zukunftsplanung dabei, unvorhersehbare negative Entwicklungen in ihren Auswirkungen auf das tägliche Leben abzufedern: Mit einer finanziellen Reserve im Rücken lässt sich zum Beispiel der eine oder andere finanzielle Rückschlag besser verkraften, als wenn Du jeden Monat von der Hand in den Mund lebst. Dir geht es besser, denn **Du bist auf dem richtigen, dem neuen Weg:**

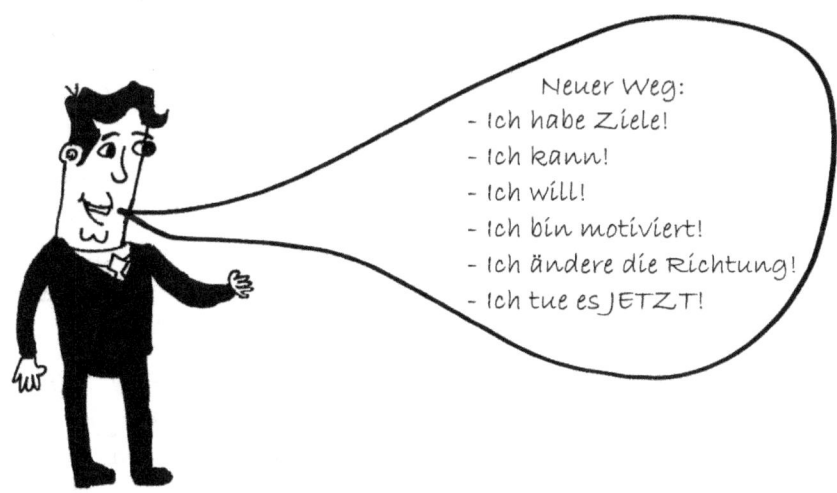

FinanzFitnessSchritt 4: Lebensziele festlegen

Nachdem wir in den vergangenen Kapiteln und Schritten sehr oft über Zahlen, Daten und Fakten (ZDF) gesprochen haben, ist es nun an der Zeit, kreativ zu werden. Oftmals haben viele Menschen sich bisher keine konkreten Gedanken über die Ziele gemacht, die sie in ihrem Leben erreichen wollen. Viele von uns haben eine ungefähre Vorstellung von ihren Lebenszielen – oftmals sind diese Vorstellungen aber diffus und nicht konkret ausformuliert.

Wie sieht es bei Dir aus? Wenn Du an dieser Stelle Deine persönlichen 3 bis 5 wichtigsten Lebensziele spontan nennen kannst, ziehe ich meinen Hut. Herzlichen Glückwunsch! Wenn Du andererseits zunächst einmal anfängst, darüber nachzudenken, was eigentlich Lebensziele sind oder welche Lebensziele für Dich erstrebenswert sind, dann ist das völlig normal! Schließlich denken wir nicht jeden Tag über unsere Lebensziele nach, sondern haben oft genug damit zu tun, den alltäglichen Wahnsinn zu bewältigen. Diese tägliche Routine hindert uns daran, über uns selbst und unsere ganz persönlichen Ziele nachzudenken. Aber das kannst Du JETZT ändern. Los geht's!

Ich empfehle Dir folgendes **Geld-Experiment**: Nimm Dir ein leeres Blatt Papier und schreibe in großen Buchstaben „**Meine Lebensziele**" als Überschrift auf. Anschließend kannst Du Dir etwas zu trinken einschenken. Ich würde in solchen Situationen ein Glas Rotwein (nur eins!) bevorzugen. Auf was freust Du Dich jetzt? Eine Tasse Tee, einen Smoothie oder ein anderes Getränk? Als Lebensziele eignen sich langfristige und durchaus auch schwer zu erreichende Ziele. Dinge, die Du schon immer einmal machen wolltest und zu denen Du bisher nicht gekommen bist. Es bieten sich hier als Ziele eine Weltreise, das Wohnen in den eigenen vier Wänden, mit 60 Jahren nicht mehr abhängig arbeiten zu müssen oder ähnliche Ziele an. Neben Zielen, die Du selbst für Dich erreichen möchtest, gibt es auch solche Lebensziele, die Du für andere erreichen möchtest. Zum Beispiel kann die finanzielle Absicherung von Kindern und Enkelkindern infrage kommen oder die Übertragung des selbst aufgebauten Unternehmens an Kinder oder an einen anderen Nachfolger. Auch die Finanzierung einer guten Ausbildung für Kinder ist ein Beispiel für ein eigenes Lebensziel, das anderen Menschen zugutekommt.

Wichtig ist an dieser Stelle, dass Du Dich nicht unter Druck setzt, um fünf Ziele auf den Zettel zu schreiben, die irgendwie etwas mit Deinen Lebenszielen zu tun haben, aber sie nicht vollumfänglich repräsentieren. Ein solcher Prozess des Nachdenkens kann sich durchaus über mehrere Tage hinziehen und im Hintergrund laufen. Ich empfehle Dir, dass Du Dir selbst ausreichend Zeit dafür nimmst. Denn von diesen **drei bis fünf Lebenszielen** hängt schließlich der in den nächsten Schritten zu erstellende Finanzplan maßgeblich ab. Es bietet sich natürlich auch an, den Partner an Deiner Seite mit in diese Überlegungen einzubeziehen. Jeder Mensch hat zwar eigene persönliche und individuelle Lebensziele, aber gerade in einer Partnerschaft oder Ehe ist es wichtig, erstens die Ziele des anderen zu kennen und zweitens gemeinsam zu überlegen, welches gemeinsame Lebensziele sind.

„Puuh! Das hört sich doch nach viel Arbeit an" denkst Du vielleicht jetzt. Bei vielen Menschen löst das Nachdenken über die eigenen Lebensziele eine Reihe von Veränderungen aus. Es wird viel klarer, welche Dinge man im eigenen Leben nicht mehr machen möchte. Ein **„Sich-von-etwas-weg-Bewegen-Ziel"** ist oft einfacher zu formulieren. Weniger Stress, weniger Verpflichtungen oder geringeres Übergewicht etc. sind hier gute Beispiele. Diese Zielformulierungen sind aber meistens **negativ** belegt, da Worte wie „Stress" oder „Übergewicht" darin vorkommen.

Die **„Sich-zu-etwas-hin-Bewegen-Ziele"** sind im Unterschied dazu **motivierend**. Das kann in diesem Beispiel lauten: Mehr Freizeit und Abnehmen. Das hört sich zwar jetzt gut an, es reicht aber nicht, um als Lebensziel auf dem Zettel zu landen. Wie vorhin beschrieben sollen Ziele – und damit auch Lebensziele – nach der SMART-Methode formuliert werden. Dementsprechend könnten Lebensziele zum Beispiel wie folgt lauten:

* Spätestens ab dem 40. Geburtstag in den eigenen vier Wänden wohnen,
* mit 60 Jahren nur noch 30 Stunden pro Woche arbeiten,
* Innerhalb der nächsten fünf Jahre den Jakobsweg von den Pyrenäen bis Santiago de Compostela wandern,
* In den nächsten fünf Jahren für die Ausbildung des Kindes 10.000 € ansparen,
* Innerhalb der nächsten drei Jahre aus dem eigenen Hobby eine zunächst nebenberufliche Tätigkeit mit einem zusätzlichen Einkommen von 250 € pro Monat aufbauen.

Die oben genannten Ziele sind spezifisch, messbar und terminiert. Ob diese oder andere Ziele attraktiv und realistisch sind, muss jeder Mensch für sich selbst entscheiden. An dieser Stelle empfehle ich Dir, Deine eigenen drei bis fünf Lebensziele auszuarbeiten und auf dem Blatt Papier aufzuschreiben.

Das Besondere an den meisten Lebenszielen von Menschen ist, dass diese nur mit einem gewissen Geldbetrag realisierbar sind. Es gibt einige Ausnahmen. Dennoch sollten, wenn möglich, die **Lebensziele mit einem „Preisticket"** versehen werden. Das hat den Vorteil, dass durch eine entsprechende Berücksichtigung in Deinem persönlichen FinanzFitnessPlan konkret geplant werden kann, wie diese zu erreichen sind.

In dem Rechentool FinanzFitnessCheck habe in dem Register „**Ziel-Planer**" die Möglichkeit geschaffen, Lebensziele einzutragen und den entsprechenden finanziellen Bedarf auszurechnen. Hierzu bitte ich Dich, in der Tabelle die geschätzten Kosten für jedes Lebensziel einzutragen und gleichzeitig die Zeit in Jahren einzugeben, in der Du das jeweilige Ziel erreichen möchtest. Wenn Du das alles eingetragen hast, berechnet Excel automatisch die Geldbeträge, die zur Erreichung des jeweiligen Lebensziels pro Jahr und pro Monat angespart werden müssen. An dieser Stelle können zwei Dinge klarwerden:

1. Das eigentlich für realisierbar gehaltene Lebensziel ist aufgrund der hohen notwendigen finanziellen Mittel schwerer erreichbar oder
2. Die Erreichung des Lebensziels ist viel schneller erreichbar als gedacht.

Je länger die von Dir ins Auge gefassten Lebensziele vom heutigen Tage entfernt sind, desto einfacher wird es, die finanziellen Voraussetzungen zu schaffen. Auf jeden Fall schafft die Berechnung der notwendigen Mittel zur Zielerreichung Klarheit. Du kannst überlegen, ob das eine oder andere Ziel eventuell schneller oder doch erst später erreichbar ist.

Ich halte es für sehr wichtig, dass es auch **Lebensziele** gibt, die **ohne Geld** erreichbar und teilweise sogar wichtiger als in Geld messbare Ziele sind. Beispielsweise ist ein Leben in Harmonie und Frieden absolut wichtig. Diese Ziele sind (glücklicherweise) nicht mit Geld zu beziffern. Um ein solches Lebensziel zu erreichen, ist es zum Beispiel notwendig, mit sich selbst und dem eigenen persönlichen Umfeld in der Familie und bei den Freunden im Reinen zu sein und bereit zu sein, viel von sich selbst zu geben und weniger an das Nehmen zu denken. Wie schon öfter in diesem Buch erwähnt, kann Geld oder Reichtum an sich kein Ziel sein, sondern es kann bei der Erreichung von eigenen Zielen helfen und zum Beispiel persönliche Freiheit ermöglichen.

Lebensziele, die nicht mit einem Geldbetrag zu hinterlegen sind, kannst Du ebenfalls in diese Tabelle eintragen, um sie zu visualisieren. Bei den Geldbeträgen gibst Du dann bitte jeweils eine Null ein.

FinanzFitnessSchritt 4: Deine Lebensziele sind festgelegt. Das Formulieren von Lebenszielen ist für viele Menschen sicher eine ungewöhnliche und gleichzeitig herausfordernde Übung. Wenn aber die Ziele einmal notiert sind, gewinnst Du Klarheit über das, was Dir wirklich wichtig ist.

FinanzFitnessSchritt 5: Finanzielle Ziele durch systematischen Vermögensaufbau erreichen

Analog zu der Eingabe der Lebensziele in den ZielPlaner funktioniert die Eingabe der rein **finanziellen Ziele**, die Du Dir persönlich vorgenommen hast. Wichtig ist an dieser Stelle, die Erkenntnisse und Ergebnisse aus den vorherigen Tabellen, wie zum Beispiel dem GeldBudget und der GeldBilanz in Verbindung mit den bereits erläuterten Kennzahlen, zu verwenden.

Doch nun zurück zur Familie FinanzFit: In die Tabelle Finanzziele habe ich aufgrund der bisherigen Analyse der finanziellen Situation der Familie FinanzFit die Rückzahlung von schlechten Schulden, den Aufbau einer 6-Monats-Reserve und das Ansparen für künftige Investitionen eingetragen. Eine genaue Erläuterung folgt weiter unten.

An dieser Stelle möchte ich den Blick auf die bisher eingetragenen Lebensziele und Finanzziele richten. Die notwendigen finanziellen Mittel für das Erreichen der Lebensziele belaufen sich auf 85.000 €. Die Finanzziele hingegen schlagen mit 133.600 € zu Buche. In der Summe wurden Ziele mit einem notwendigen Betrag von 218.600 € eingetragen. Wow! Da ist ja eine ganz schön hohe Summe zusammengekommen. Wenn Du diese Summe unter Berücksichtigung der angenommenen Sparjahre zunächst auf einen jährlichen Bedarf und anschließend auf einen monatlichen Bedarf von Excel herunterrechnen lässt, siehst Du, dass es notwendig wäre, pro Monat 2.251 € zu sparen. Und nun kommt es zum Schwur: Es gibt einen höheren monatlichen Geldbedarf als monatlich zur Verfügung stehende Mittel! Da der monatlich verfügbare Cashflow lediglich 587 € beträgt, gibt es eine Differenz von 1.664 €. Ziele mit einem monatlichen Sparbetrag von 1.664 € können also nicht bedient werden. Eine Möglichkeit, hieran noch etwas zu ändern, ist, die Ausgaben weiter zu senken oder an einer Erhöhung der Einnahmen - wie weiter oben dargestellt - zu arbeiten.

In unserem Beispiel nehmen wir stattdessen in dem Registerblatt „GeldPlaner" eine **Priorisierung der Lebens- und Finanzziele** vor, die ein weiterer zentraler **Bestandteil des systematischen Vermögensaufbaus** ist. Was bedeutet systematisch? Wer systematisch vorgeht, folgt einem System. Ein System wiederum beinhaltet eine Struktur und eine Ordnung. Anders ausgedrückt wird bei einem systematischen Vermögensaufbau nichts dem Zufall überlassen, sondern er findet strukturiert und organisiert statt. Dabei ist es ganz wichtig, dass eine vorgegebene Struktur ohne Ausnahme beachtet wird. Es hilft Dir also nicht, in einem Monat sehr strukturiert und organisiert vorzugehen und in dem nächsten Monat alle guten Vorsätze über Bord zu werfen. So ist beispielsweise beim Sparen die Regelmäßigkeit viel wichtiger als die Höhe des gesparten Betrages. Einmal einen Vorsatz zu fassen reicht nicht – das sieht man an den vielen Vorsätzen, die sich viele Menschen zum Jahreswechsel vornehmen und oftmals nur wenige Wochen durchhalten.

Das **Ergebnis der Priorisierung** ist, dass die Familie FinanzFit folgende drei Ziele in den nächsten Jahren mit den monatlich vorhandenen 587 € erreichen möchte:

- Schuldentilgung,
- Aufbau einer Liquiditätsreserve und
- Finanzielle Absicherung des Kindes.

Jetzt gehen wir wieder Schritt für Schritt vor und lernen zunächst die Sparquote und das Kontenmodell kennen.

Systematischer Vermögensaufbau

Zunächst einmal muss die sogenannte **Sparquote** festgelegt werden. Die Sparquote ist definiert als prozentualer Anteil des zu sparenden Geldes an den Nettoeinnahmen. Je höher die Sparquote ist, desto höher ist der monatlich für den systematischen Vermögensaufbau zur Verfügung stehende Geldbetrag. Je mehr monatlich gespart werden kann, desto schneller werden die definierten Lebensziele und Finanzziele erreicht. Dies ist, wie ich finde, eine sehr starke Motivation zum konsequenten Sparen. „Je höher die Wurst hängt, desto höher springen wir" lautet eine Lebensweisheit. Ähnlich verhält es sich mit dem Sparen. Wenn Du Dir eine anspruchsvolle Sparquote als Ziel setzt, wirst Du im Vergleich zu einem niedrigeren Sparquoten-Ziel im Ergebnis mehr erreichen. Die weiter oben erwähnte Mindest-Sparquote von 20 % mag Dir vielleicht schon hoch erscheinen. Es gibt jedoch „Sparquoten-Experten", die eine Sparquote von 50 % oder mehr der Nettoeinnahmen erreichen. Wenn Du dies gerade in jungen Jahren über einen längeren Zeitraum durchhalten kannst, hat dies natürlich eine sehr positive Auswirkung auf die Entwicklung Deines Nettovermögens (siehe Kapitel „Dagobert und Methusalem…"). Welche Sparquote Du für Dich festsetzt, bleibt natürlich Dir überlassen. Einerseits muss sie anspruchsvoll genug und andererseits muss sie realistisch sein.

Dazu schlage ich Dir wieder ein kleines **Geld-Experiment** vor: Löse Dich von dem Glaubenssatz „Über Geld spricht man nicht" und frage doch in Deinem Freundes- oder Familienkreis nach der dort üblichen Sparquote. Sicher wirst Du erst erklären müssen, was es mit der Sparquote auf sich hat und warum Du diese Frage stellst. Kaum jemand wird Dir konkrete Angaben über die Höhe der Einnahmen oder Ausgaben machen. Dies ist aber auch nicht nötig – es geht hier ausschließlich um eine Quote. Die wenigsten Menschen kennen ihre persönliche Sparquote auswendig. Sie müssen sich zunächst einmal auch Gedanken über ihre Einnahmen- und Ausgabensituation machen. Wenn dann die Sparquote ausgerechnet ist, hast Du einerseits eine wichtige Information für Dich erhalten und andererseits Deine Freunde oder Familienmitglieder zum Nachdenken über ihre finanzielle Situation angeregt. Bist Du überrascht von den Sparquoten, die Dir genannt wurden? Waren sie sehr hoch oder sehr niedrig? Mit welcher Sparquote fühlst Du Dich wohl? Welche Sparquote ist die höchste, die Du erreichen kannst?

Doch kommen wir zurück zum FinanzFitnessCheck. In dem GeldPlaner kannst Du zunächst den Anteil des Cashflows, den Du sparen möchtest, als Prozentsatz direkt in die Tabelle eingeben. Das Programm rechnet dann automatisch anhand der hinterlegten Formeln den monatlichen Sparbetrag und die Sparquote aus. Wenn Du also die Sparquote erhöhen möchtest, musst Du in dem Tabellenfeld „Anteil Sparen am Cashflow" den Prozentsatz verändern.

Die Familie FinanzFit hatte ursprünglich einen positiven monatlichen Cashflow von 381 € - theoretisch zumindest. Da sie sich bisher mit dem Thema Finanzen nicht intensiv beschäftigt hat, und keine Ziele definiert waren, „verschwanden" die übrigen Gelder. Sie lagen zunächst auf dem Konto und anschließend durch Abhebungen bei der Bank im Portemonnaie. Niemand wusste genau, was mit dem Geld passierte, aber es war ausgegeben und weg. Dementsprechend war die regelmäße und systematische Sparquote der Familie FinanzFit bisher 0 %. Erst durch das Eingeben der Zahlen, der Optimierung der Ausgaben und den Focus auf das Thema Sparen hat sich die Familie in unserem Beispiel dazu entschlossen, den kompletten Cashflow in Höhe von jetzt 587 € zum konsequenten und systematischen Sparen zu verwenden. Deswegen wurden in dem

GeldPlaner in dem Feld „Anteil Sparen am Cashflow" 100 % eingegeben. Damit liegt die Sparquote jetzt bei ganz ordentlichen 16 %.

Die **Sparquote ist eine der wichtigsten FinanzFitnessZahlen**. Mit der Festlegung der Sparquote steuerst Du, wie ein Kapitän auf einem Schiff das Einlaufen in den nächsten Hafen, die Erreichung Deiner Lebens- und Finanzziele. Nimm Dir ausreichend Zeit um die Sparquote für Dich selbst festzulegen. Probiere einfach verschiedene Eingaben in der Tabelle aus und prüfe, welche Auswirkungen eine unterschiedliche Sparquote hat. Nach der Festlegung Deiner **optimalen Sparquote** kannst Du den GeldPlaner weiterbearbeiten.

Ein weiterer elementarer Bestandteil des systematischen Vermögensaufbaus ist das sogenannte **Kontenmodell**. Der Kern des Kontenmodells ist das Anlegen einer Struktur von mehreren Girokonten und sogenannten Unterkonten. Diese Konten haben die Funktion des Geldsammelns für ein bestimmtes Finanzziel. Für jedes Finanzziel gibt es ein separates Unterkonto. Die Unterkonten sind ganz normale Girokonten, die einem „Haupt-Girokonto" zugeordnet sind. Bei den meisten Banken und Sparkassen lässt sich eine gewisse Anzahl von Unterkonten ohne Zusatzkosten einrichten.

Viele Menschen haben lediglich ein Girokonto, auf dem die Einnahmen und Ausgaben gebucht werden. Der Nachteil dieses Systems ist, dass verschiedenste Finanzziele von diesem Konto aus bedient werden und keiner einen Überblick hat. Das Kontenmodell schafft hier Abhilfe. Ich empfehle Dir, eine für Dich und Deine Finanzziele passende Struktur zu entwickeln. Danach kannst Du das Grundmodell in den GeldPlaner eintragen und für Dich umsetzen. Der Mittelpunkt des Kontenmodells bleibt das bestehende Girokonto, auf dem die laufenden Einnahmen und laufenden Ausgaben verbucht werden. Die gute Nachricht ist, dass dieses Konto nicht geändert werden muss.

Die oben beschriebenen **drei Finanzziele der Familie FinanzFit** lassen sich nun wie folgt in das Kontenmodell integrieren.

Wir haben erkannt, dass die Verschuldungsquote der Familie Finanz-Fit mit 88 % sehr hoch ist. Bei der Aufteilung des optimierten Cashflows muss also die Reduzierung der Verschuldungsquote höchste **Priorität** haben. In dem GeldPlaner habe ich deswegen 50 % des zur Verfügung stehenden Cashflows für die **Schuldentilgung** vorgesehen. Da die Familie FinanzFit diverse Kreditverträge mit unterschiedlichen Rückzahlungsmodalitäten abgeschlossen hat, empfehle ich, zunächst einen Betrag zur Schuldentilgung anzusparen. Dazu kann entsprechend dem Kontenmodell ein „Schuldentilgungs-Unterkonto" eröffnet werden. Auf ein solches Unterkonto wird per Dauerauftrag 50 % des optimierten Cashflows der Familie FinanzFit überwiesen.

Sehr wichtig ist es, den Dauerauftrag wenige Tage nach dem Gehaltseingang abbuchen zu lassen. Der Vorteil dieser Methode im Rahmen des Kontenmodells ist, dass die vorher definierten Beträge sofort von dem laufenden Konto abgebucht werden und somit nicht mehr für Konsumausgaben zur Verfügung stehen. Natürlich ist das eine große Umstellung, und zunächst kann die Abbuchung „schmerzhaft" sein. Diese Systematik der Abbuchungen per Dauerauftrag auf Unterkonten hat aber den großen Vorteil, dass Du automatisch diszipliniert wirst und Dich ein bisschen „arm" fühlst. Im Umkehrschluss bedeutet das, dass zusätzlich zu den vereinbarten monatlichen Raten in unserem Beispiel weitere knapp 300 € Schulden pro Monat getilgt werden können. 300 € × 12 Monate machen im Ergebnis bereits eine zusätzliche Reduzierung der Schulden von 3.600 € im Jahr aus. Ohne diese Systematik würden bei den meisten Menschen viel weniger als 300 € übrigbleiben. Ob dieser restliche Betrag zur Schuldentilgung verwendet worden wäre sei einmal dahingestellt.

Analog zu dem Thema Schuldentilgung wird das zweite priorisierte Finanzziel umgesetzt: Die gesamte momentan verfügbare Liquidität beträgt „lediglich" 5.000 €. Das ist absolut gesehen bereits ein großer Betrag, aber relativ zu den Ausgaben betrachtet fehlt der Familie eine ausreichende **Liquiditätsreserve**. Diese sollte, wie bereits weiter oben beschrieben, das 6-fache des monatlichen Nettoeinkommens von ca. 3.700 €, also 22.200 € betragen. Damit fehlen der Familie 17.200 €. Dieser Betrag kann im Rahmen des Kontenmodells angespart werden. Dazu gehen wir wie eben bei dem Thema Schulden beschrieben vor. Es wird ein weiteres Unterkonto des Girokontos eröffnet und ein Anteil des Cashflows per Dauerauftrag auf das Unterkonto überwiesen. Für den Aufbau der Liquiditäts-reserve habe ich einen Anteil von 25 % des monatlichen Cashflows angesetzt. Dies entspricht einem Betrag von knapp 150 € pro Monat. Per Dauerauftrag sammeln sich auf dem Unterkonto innerhalb eines Jahres knapp 1.800 € an. Nach gut neun Jahren ist in diesem Beispiel – ohne Zinsen gerechnet – eine 6-Monats-Reserve angespart.

Um schließlich Kapital für die **finanzielle Absicherung des Kindes** anzusparen, ist in dem GeldPlaner der verbleibende 25-prozentige Anteil des monatlichen Cashflows einem weiteren Unterkonto des Girokontos zugeordnet worden.

Die in dem ZielPlaner angeführten weiteren Lebens- und Finanzziele müssen im Falle unserer Beispiel-Familie FinanzFit aufgrund der fehlenden monatlichen Überschüsse zunächst zurückgestellt werden. Der einzige noch vorhandene größere Anlagebetrag stellt die Lebensversicherung im Wert von 12.500 € dar. Ich würde durchaus in einem ähnlichen Einzelfall überprüfen, ob der Verkauf oder die Kündigung der Lebensversicherung sinnvoll ist oder nicht. Eine generelle Aussage ist an dieser Stelle nicht möglich. Im Falle einer Kündigung der Versicherung und der Vereinnahmung des Rückkaufswertes würde sich die Situation natürlich etwas anders darstellen und es wäre wesentlich mehr Liquidität vorhanden, um beispielsweise schlechte Schulden zurückzuzahlen oder analog der weiteren definierten finanziellen Ziele vorzugehen.

Soviel zu dem Kontenmodell für die Familie FinanzFit. Das Schöne an diesem Vorgehen ist, dass die Familie FinanzFit **ab sofort systematisch und strukturiert Vermögen aufbauen** kann. Selbst bei dem ersten Unterkonto, auf dem Geld für die Schuldentilgung angespart wird, handelt es sich um Sparen. Die Rückzahlung von Schulden führt in der GeldBilanz zu einem höheren Nettovermögen, und es gibt damit den gleichen Effekt wie bei dem klassischen Sparen.

Die Herausforderung des Kontenmodells liegt aber nicht in dem Einrichten der Konten und Daueraufträge, sondern in Deinem **Durchhaltevermögen**. Du solltest weder die monatlichen Beträge nach unten setzen noch die angesparten Summen beispielsweise für einen Urlaub ausgeben. Diese Ausgabe würde natürlich sofort zu einer Verringerung des Nettovermögens führen und das ganze Kontenmodell ad absurdum führen. Also gilt auch hier: Machen und Tun ist die Aufgabe. Viel Erfolg dabei!

Die Optimierungen über den GeldOptimierer, den ZielPlaner und den GeldPlaner sind nun erledigt. Du hast bereits wichtige Entscheidungen getroffen, Lebensziele und finanzielle Ziele formuliert und priorisiert, die Dich Deiner FinanzFitness deutlich näherbringen. Herzlichen Glückwunsch!

FinanzFitnessSchritt 5: Der systematische Vermögensaufbau ist gestartet. Du näherst Dich Deinen Lebens- und Finanzzielen konsequent und systematisch.

Der nächste FinanzFitnessSchritt ist der vorletzte in der Arbeit mit den Tabellenkalkulationen. Mit diesem wir kommen wir zu 100 % in der Zukunft an!

Los geht's!

FinanzFitnessSchritt 6: FinanzFitnessPlan erstellen

Wenn ich in diesem Buch die Begriffe Finanzplan und FinanzFitness-Plan verwende, meine ich nicht die zum Teil über 30 Seiten starken Finanzpläne von Banken bzw. Finanzberatern. Oftmals haben diese Finanzpläne lediglich den Hintergrund, Kunden dazu zu animieren, ihr Vermögen durch den Ankauf oder Verkauf von Produkten zu optimieren und dadurch für Banken und Finanzberater Erträge durch den An- und Verkauf von Produkten zu erwirtschaften. In dem Excel-Register „FinanzFitnessPlan" geht es vielmehr um das Erstellen eines einfachen aber umso wirkungsvolleren Plans, der es ermöglicht, die weiter oben definierten Finanzziele zu erreichen. Der hier vorgestellte FinanzFitnessPlan hat mir sehr geholfen, meine finanziellen Ziele zu planen und zu erreichen.

FinanzFit werden und bleiben mit dem FinanzFitnessPlan

Die Inhalte des FinanzFitnessPlans bauen auf den bereits eingegebenen finanziellen Ausgangsdaten der Familie FinanzFit auf. Allerdings habe ich bewusste Vereinfachungen vorgenommen, um die Darstellungen und Anleitungen nicht zusätzlich zu verkomplizieren. So wurden beispielsweise bei den Gehältern von Max und Mara keine zu erwartenden Gehaltssteigerungen eingerechnet. Im Gegenteil habe ich lediglich die Gehaltsdaten aus dem GeldBudget per Formel übernehmen lassen und weiter fortgeschrieben. Dies habe ich auch bei anderen Daten so vorgenommen. Du selbst kannst natürlich alle Daten überschreiben und beispielsweise bei den Gehältern selbst Annahmen treffen, wie sich diese entwickeln. Je nach persönlicher Lebensplanung ist es möglich, Elternzeiten einzuplanen und mit entsprechend geringeren Gehältern zu rechnen. Das bedeutet, dass die angegebenen Daten lediglich eine Richtschnur für Dich sein sollen. Wie Du sicherlich schon gemerkt hast, geht es mir nicht um die einzelnen Zahlen an sich, sondern um die Darstellung der generellen Zusammenhänge und Berechnungen. Ziel ist, Dir eine individuelle Finanzplanung zu ermöglichen.

Nun werfen wir aber wieder einen Blick auf die Situation der Familie FinanzFit: In den ersten Teil des FinanzFitnessPlans wurden, wie eben beschrieben, die Daten des GeldBudgets übernommen. Somit bleibt der optimierte Cashflow von 587 € in dieser Darstellung für die nächsten zehn Jahre konstant. Ich bin mir ganz sicher, dass Dir viele Möglichkeiten einfallen, den eigenen Cashflow in den kommenden zehn Jahren maßgeblich zu erhöhen. Auch hier gilt es wieder, Ziele zu definieren und umzusetzen. Somit können Deine eigenen Zahlen und Daten Aufschluss darüber geben, wo Du persönlich einen Hebel ansetzt, um Deine persönliche finanzielle Situation zu verbessern.

Der 2. Abschnitt des FinanzFitnessPlans übernimmt für das Jahr 2017 die Zahlen aus der GeldBilanz, teilweise zusammengefasst, in Kategorien. Die im GeldPlaner priorisierten Lebens- und Finanzziele führen im Ergebnis dazu, dass die Liquidität von Jahr zu Jahr um 3.522 € steigt. Dies errechnet sich aus den monatlich angesparten Summen für den Aufbau der 6-Monats-Reserve von 146,75 € zuzüglich des gleichen Betrages für Ausbildung des Kindes. Durch das Multiplizieren beider Beträge mit 12 (Monaten) erhält man den genannten Jahresbetrag von 3.522 €.

Den **Wert der selbstgenutzten Immobilie** habe ich auf dem aktuellen Niveau belassen. Hintergrund dieser Annahme sind zwei Fakten:

1. Aufgrund der in den vergangenen Jahren **stark gestiegenen Immobilienpreise** kann nicht davon ausgegangen werden, dass diese Entwicklung einfach so weitergeht. Es kann durchaus auch einmal zu sinkenden Immobilienpreisen kommen. Ebenso ist ein weiterer leichter Anstieg pro Jahr durchaus möglich, genauso wie eine Stagnation auf dem aktuell hohen Preisniveau. Da niemand die exakte Entwicklung vorhersehen kann, bewerte ich Immobilien immer mit dem aktuellen Marktwert für die nächsten 10 Jahre. Wenn dieser Ansatz im Nachhinein zu konservativ ist, kann ich mich freuen und ihn nach oben anpassen. Sollte sich hingegen herausstellen, dass die Immobilienpreise deutlich gesunken sind, ist eine jederzeitige Anpassung der Zahlen nach unten möglich.

2. Verschiedene **Immobilienkrisen** im europäischen und außereuropäischen Ausland haben gezeigt, dass Immobilienfinanzierungen meistens dann scheitern, wenn mit zu starken Preissteigerungen in der Zukunft kalkuliert wird. In der Spitze von diversen Blasen weltweit wurden teilweise nicht nur die aktuellen hohen Marktwerte der Immobilien von Banken finanziert, sondern auch gleich die erwartete Wertentwicklung in den nächsten Jahren. Das hat für die Kunden zunächst den Vorteil einer komfortablen Liquiditätssituation, die bei-

spielsweise neben dem Kauf der Immobilie einen Kauf eines neuen PKW aus dem Geld der Immobilienfinanzierung ermöglichte. Da Immobilienkrisen meist mit wirtschaftlichen Krisen verbunden sind, kann folgender Fall eintreten: Aufgrund einer wirtschaftlichen Krise verlieren Menschen ihre Arbeitsplätze und können Immobilienkredite nicht mehr bedienen. Wenn zusätzlich der Wert der erworbenen Immobilie nicht steigt, sondern deutlich fällt, sind Banken teilweise aufsichtsrechtlich gezwungen, neue Sicherheiten zu verlangen oder die sofortige (Teil-)Rückzahlung des Kredites zu veranlassen. In dieser Situation kann es sogar vorkommen, dass trotz eines guten Umgangs mit Geld Menschen von einem Tag auf den anderen ohne Dach über dem Kopf vor dem Nichts stehen. Deswegen solltest Du bei einer Immobilienfinanzierung nicht zu knapp kalkulieren.

Um sich in dem FinanzFitnessPlan nicht reich zu rechnen hilft es, Immobilienwerte auf dem Einstandspreis zu belassen. Im Gegenteil könnte man durchaus auch die steuerlich relevante Abschreibung von 2 % auf den Immobilienanteil dem FinanzFitnessPlan berücksichtigen und den Immobilienwert jedes Jahr um 2 % sinken lassen, wenn keine wertsteigernden Investitionen vorgenommen werden.

Unter der Abwägung von positiven und negativen Faktoren ist meiner Meinung nach ein gleichbleibender Wertansatz von Immobilien der beste Weg.

Das wichtigste Finanzziel aus dem GeldPlaner war die **Rückzahlung der schlechten Schulden** der Familie FinanzFit. Die auf dem entsprechenden Konto angesammelten Beträge können, je nach den Vereinbarungen in den Kreditverträgen mit den Banken bzw. mit dem privaten Kreditgeber, jährlich zur Reduzierung der Kredite verwendet werden. Dementsprechend nimmt die Höhe der schlechten Schulden um die Hälfte des monatlichen Cashflows multipliziert wiederum mit 12 Monaten, also auch wieder 3522 € im Jahr, ab. Zusätzlich werden die in dem Geld-Budget angegeben 75 € pro Monat zur Tilgung von Schulden verwendet. Dies entspricht im Jahr einem Betrag von 900 €. Insgesamt reduzieren sich die schlechten Schulden innerhalb der 10 Jahre von 95.000 € auf 55.202 €. Wenn die Familie FinanzFit so vorgehen würde, wären im Jahr

2026 43 % der schlechten Schulden getilgt. Bei den guten Schulden (Immobiliendarlehen) habe ich eine Tilgung von 3 % pro Jahr angenommen. Das Darlehen reduziert sich damit von 300.000 € auf 219.000 € im Jahr 2026.

Zur Vereinfachung der Berechnungen habe ich nicht berücksichtigt, dass sich bei einer festen monatlichen Kreditrate im Zeitverlauf die Tilgung erhöht und sich die Zinsen reduzieren. Wenn Du diesen Effekt exakt in den FinanzFitnessPlan übernehmen möchtest, kannst Du aus einer Vielzahl von, im Internet kostenlos zur Verfügung stehenden, Tilgungsrechnern auswählen. Nach der Eingabe der Kreditdetails kannst Du die entsprechenden exakten Jahresdaten in den FinanzFitnessPlan übernehmen.

Erwähnenswert ist weiterhin die **Wertreduzierung bei den Autos und den sonstigen Vermögensgegenständen** der Familie. Du kannst in den jeweiligen Formeln erkennen, mit welcher Wertreduzierung ich gerechnet habe. Natürlich kannst Du individuelle Wertminderungen ansetzen. Beispielsweise verliert ein neuer PKW in den ersten 5 Jahren etwa die Hälfte des Wertes. Bei dieser Annahme müsste der jährliche Wertverlust entsprechend auf 10 % in den ersten 5 Jahren und eventuell auf 5 % in den folgenden 10 Jahren angepasst werden. Hierzu kannst Du einfach die hinterlegten Formeln entsprechend verändern. Solltest Du zu Formeln Fragen haben, hilft Dir die Hilfefunktion bei Excel ebenso wie ein schnelles Suchen in den bekannten Suchmaschinen.

Im **Ergebnis der Vermögensübersicht** innerhalb des FinanzFitness-Plans zeigt sich auf Sicht der nächsten 10 Jahre folgende Situation: Die Vermögenswerte bleiben weitgehend konstant und die Schulden sinken aufgrund überproportionaler Tilgungen deutlich. Das ist nicht weiter verwunderlich, denn schließlich waren die priorisierten Ziele des GeldPlans genau darauf ausgerichtet. Als Differenz des Vermögens und der Schulden steigt das Nettovermögen der Familie von ca. 53.000 € in 2017 deutlich auf fast 175.000 €. Diese Entwicklung ist sehr gut, da sich das Nettovermögen mehr als verdreifacht.

An dieser Stelle möchte ich noch einmal zurückkommen auf die weiter vorne erwähnte Bedeutung von Planung und dem Setzen von Zielen.

Alleine durch die Tatsache, dass die Familie das Heft des Handelns selbst in die Hand genommen hat und sich konkrete Ziele überlegt, geplant und gesetzt hat, ist ein sehr positiver Vermögenseffekt erreicht worden.

Die sechs wichtigsten FinanzFitnessZahlen des Lebens

In den bisherigen Kapiteln dieses Buches habe ich bereits fünf von sechs FinanzFitnessZahlen erläutert. Mit den FinanzFitnessZahlen kannst Du Deine **Zukunft gestalten**! Alleine durch die Optimierung dieser Zahlen ist es möglich, im bereits beschriebenen „driver's seat" zu sitzen, und die Richtung selbst vorzugeben. Dadurch kannst Du Dich aus den vielen **Abhängigkeiten befreien** und Deine **Lebens- und Finanzziele erreichen.**

Nutze Deine Chance!

Wie bereits oben beschrieben habe ich in den Zahlen der Familie FinanzFit einige wichtige Vereinfachungen vorgenommen, um die Dinge nicht unnötig zu verkomplizieren. Du hast also alle Freiheiten, die Zahlen und Entwicklungen Deinen persönlichen Gegebenheiten anzupassen. Deswegen möchte ich an dieser Stelle lediglich die FinanzFitnessZahlen der Familie FinanzFit in den kommenden zehn Jahren zusammenfassend darstellen und bewerten. Damit wird es für Dich leichter, Deine persönlichen FinanzFitnessZahlen zu interpretieren.

Die **Einnahmenüberschussquote** der Familie FinanzFit verbleibt in unserem Beispiel in den nächsten zehn Jahren konstant bei 119 %. Hier gilt es natürlich, sich Maßnahmen und Wege zu überlegen, wie Du in Deinem Fall die Einnahmen kontinuierlich, bei gleichbleibenden oder nur unterproportional steigenden Kosten, erhöhen kannst. Damit würde die Einnahmenüberschussquote entsprechend steigen. Ich empfehle Dir, das „Zweite Parkinson'sche Gesetz" ganz gezielt zu durchbrechen und damit eine laufend steigende Einnahmenüberschussquote zu generieren.

Die FinanzFitnessZahl, die ich noch nicht konkret erwähnt habe, ist die **passive Einnahmenquote**. Wie der Name bereits sagt, beschreibt diese Quote das Verhältnis der passiven Einnahmen zu den gesamten Kosten. In unserem Beispiel liegt diese Quote bei etwas mehr als 6 %. Dies aber auch nur deswegen, weil die Familie FinanzFit für ihr Kind das Kindergeld von dem Staat einnimmt. Da in unseren Annahmen weder das Kindergeld noch das Einkommen der Eltern steigt, bleibt diese Quote zunächst gleich. Wie in dem Abschnitt passive Einnahmen beschrieben, gibt es verschiedene Möglichkeiten, sich passive Einnahmen zu erarbeiten. Eine traumhafte Entwicklung wäre es, die passiven Einnahmen in den nächsten Jahren auf das Niveau der gesamten Ausgaben zu erhöhen. Durch diese Situation wären alle Ausgaben gedeckt, und die Familie könnte ohne weitere aktive Einnahmen, zum Beispiel aus abhängiger Arbeit, überleben. Das i-Tüpfelchen wäre, über diesen Betrag hinaus noch einen weiteren Betrag an passiven Einnahmen zu generieren, der es erlaubt, mehr Geld zu sparen oder wieder zu investieren. Eine solche Entwicklung zu schaffen, ist eine große Herausforderung und erfordert zunächst eine klare Priorisierung. Bei konsequenter Umsetzung von definierten und entwickelten Maßnahmen, ist eine passive Einnahmenquote von 100 % unter bestimmten Voraussetzungen innerhalb von fünf bis zehn Jahren möglich und erreichbar.

Die **Sparquote** ist in unserem Beispiel konstant bei 16 % geblieben. Dies kann sich natürlich von Jahr zu Jahr ändern. Um dies korrekt darzustellen, müssten die Formeln geändert oder die Zahlen manuell überschrieben werden, wenn Du Dich nicht zu sehr mit Excel-Formeln beschäftigen möchtest. Im FinanzFitnessTipp Sparen empfahl ich bereits eine Sparquote von mindestens 20 %. Dies hat die Familie FinanzFit momentan noch nicht erreicht. Wenn aber im Laufe der Zeit die Schulden reduziert und idealerweise die Einnahmen erhöht wurden, ist das leicht möglich.

Wie ich oben bereits beschrieben habe, reduzieren sich die Schulden der Familie FinanzFit in den kommenden zehn Jahren sehr deutlich. Dementsprechend sinkt die **Verschuldungsquote** von 88 % auf 61 %. Das Ziel kann unter Umständen sein, zusätzliche Gelder, die beispielsweise durch Sonderzahlungen, Bonuszahlungen, Weihnachtsgeld, Schenkungen oder Erbschaften generiert werden, in eine noch verstärkte Rückzahlung von schlechten Schulden zu stecken. Dadurch ließe sich die Verschuldungsquote weiter deutlich reduzieren. Ich halte eine Verschuldungsquote von ca. 40 % für einen Topwert, wenn diese Schulden ausschließlich gute Schulden sind. Hier gilt: Je nach Ausgangssituation ist das Erreichen einer solchen Verschuldungsquote ein Prozess von mehreren Jahren.

Die vorletzte FinanzFitnessZahl ist die **Vermögensrendite**. In dem entsprechenden Abschnitt Vermögensrendite habe ich bereits dargelegt, dass die Vermögensrendite der Familie FinanzFit zu niedrig ist. Wenn, wie im vorletzten Abschnitt beschrieben, die passiven Einnahmen erhöht werden und sich das gesamte Vermögen nicht weiter erhöht, steigt automatisch die Vermögensrendite. Die Vermögensrendite ist für mich zwar nicht die wichtigste Kennzahl. Sie erlaubt aber einen Vergleich mit Renditen für Anlageprodukte und gibt eine Aussage darüber, wie in den vergangenen Jahren „gewirtschaftet" wurde. Bei einer Kapitalmarktrendite von 7 % und einer persönlichen Vermögensrendite von einem Prozent ist es sehr attraktiv, eventuell vorhandene Liquidität anzulegen und so die eigene Vermögensrendite zu erhöhen. Wie wir alle wissen, sind Kapitalmarktrenditen von 7 % momentan reine Illusion. Vor diesem Hintergrund erscheint die persönliche Vermögensrendite der Familie FinanzFit von 0,5 % in einem viel positiveren Licht.

Die für mich wichtigste FinanzFitnessZahl ist der weiter oben beschriebene **Wohlstandsfaktor**. Dieser Faktor beantwortet die Frage, wie viele Monate jemand von dem vorhandenen Nettovermögen ohne weitere Einnahmen leben könnte. Diese Zahl hat sich in dem hier angegebenen Beispiel von 17 Monaten auf 56 Monate erhöht und hat sich damit verdreifacht. Dies ist eine außerordentlich positive Entwicklung. Bei dieser Überlegung ist natürlich vorausgesetzt, dass das vorhandene Nettovermögen liquide ist. Dies ist aber in den meisten Fällen nicht so. Viele größere Vermögen bestehen zu einem Teil auch aus nicht schnell liquidierbaren Vermögensgegenständen wie zum Beispiel Häusern, Inhaberschuldverschreibungen von Banken mit einer festen Laufzeit ohne Rückgabemöglichkeit. Je höher der Anteil des liquidierbaren Vermögens ist, desto realistischer ist also die Aussagekraft des Wohlstandsfaktors. Aus diesem

Grund empfehle ich immer eine ausgewogene Mischung aus jederzeit zu verkaufenden Anlagen und schwerer zu verkaufenden Anlageformen.

Trotz dieser Einschränkungen hat der Wohlstandsfaktor eine wichtige Bedeutung: Er ist eine wichtige Steuerungsgröße für den langfristigen Vermögensaufbau und bedeutet für jeden Privatmann Sicherheit für seine finanzielle Zukunft.

Zusammenfassend lässt sich feststellen, dass sich die Wichtigkeit der unterschiedlichen FinanzFitnessZahlen für Dich selbst nach Deiner persönlichen Situation richtet. Für die Familie FinanzFit ist beispielsweise die Verschuldungsquote sehr wichtig, da sie zu hoch ist. Wenn Dein Ziel jedoch das Erlangen der finanziellen Freiheit ist, sind die passive Einnahmenquote und der Wohlstandsfaktor von größter Bedeutung.

FinanzFitnessSchritt 6: Der FinanzFitnessPlan ist erstellt und weist Dir Deinen Weg zu Deinen FinanzFitnessZielen in den nächsten Jahren.

Als Motivation zum Durchhalten bis zur erfolgreichen Optimierung der Finanzen der Familie FinanzFit findest Du in dem Blatt "**FinanzFitnessErgebnis**" die wichtigsten Ergebnisse und die Veränderungen in den nächsten 10 Jahren dargestellt. In den linken Spalten der Tabelle sind die Finanzdaten der Familie FinanzFit vor der Optimierung und in den rechten Spalten der Tabelle die Daten nach der Optimierung angegeben. Der Cashflow wird sich von 381 € auf 587 € erhöhen. Dies entspricht einer Erhöhung um 54 %! Die Sparquote wird sich von 0 % auf 16 % drastisch verbessern. Das Nettovermögen steigt von 53.325 € auf 174.947 € und damit um 121.622 €. Dies entspricht einer Steigerung um 328 %! Auch der Wohlstandsfaktor wird sich deutlich erhöhen: Die Familie FinanzFit konnte vor der Optimierung 17 Monate die monatlichen Kosten aus dem Nettovermögen bezahlen. Nach der Optimierung wäre dies bereits 56 Monate - also knapp fünf Jahre - möglich.

Die Familie FinanzFit ist mit diesen Ergebnissen sehr zufrieden! Das habe ich aus vertraulicher Quelle erfahren.

Jetzt darf ich Dir wieder gratulieren: Du hast den sechsten von sieben FinanzFitnessSchritten erledigt. So nah warst Du noch nie an der Erreichung Deiner Lebens- und Finanzziele. Das ist sicher eine gute Gelegenheit, um eine Pause zu machen und tief durchzuatmen. Frisch gestärkt schaffst Du auch den nächsten Schritt! Bis dahin.

KAPITEL VI: FINANZFITNESSCHECK - DIE DAUERHAFTE UMSETZUNG

Disziplin und Focus

Hallo zurück!

Es wäre doch zu schön, um wahr zu sein: Du blickst zurück auf das bisher erreichte Niveau Deiner FinanzFitness und bist schon ein Stück stolz darauf, was Du erreicht hast. Dazu hast Du auch allen Anlass, denn Du hast Deine Lebens- und Finanzziele formuliert und deren Umsetzung konkret geplant. Soweit die gute Nachricht. Die „schlechte" Nachricht ist, dass die Arbeit nicht beendet ist, sondern das Thema Finanzen, Finanzoptimierung, Vermögensaufbau und das Verfolgen Deiner Ziele von jetzt an zu einer regelmäßigen Praxis werden sollte. Dazu bedarf es Disziplin und Focus.

Disziplin: Kennst Du schon die folgende Weisheit des römischen Philosophen Seneca?

> „Nicht, weil die Dinge unerreichbar sind, wagen wir es nicht.
> Weil wir sie nicht wagen, bleiben sie unerreichbar."

Die in den vorherigen Kapiteln beschriebenen Ziele können nur dann erreicht werden, wenn Du diszipliniert und kontinuierlich an deren Umsetzung arbeitest. Diese Disziplin erreichen Menschen meistens dann, wenn sie durch die laufenden Aktivitäten einen klaren Nutzen bzw. eine attraktive Belohnung erreichen können. Der Nutzen bedeutet bei der Erreichung der FinanzFitness zum Beispiel ein größeres monatlich verfügbares Kapital, ein kontinuierlich steigendes Nettovermögen oder die zunehmende Unabhängigkeit von aktiven Einnahmen.

Am besten ist es, wenn Du Dir beispielsweise fünf Vorteile Deiner persönlichen FinanzFitness aufschreibst und sie an eine Stelle legst, an der Du diese Vorteile mehrfach in der Woche siehst. Dieser dauerhafte Blick auf den Nutzen Deiner Arbeit in Sachen FinanzFitness ermöglicht es Dir, mehr Motivation und Disziplin aufzubringen. Neben der Disziplin ist noch der entsprechende Focus wichtig.

FOCUS: Vielleicht ist Dir noch gar nicht aufgefallen, dass das Wort Focus in diesem Buch nicht, wie es richtig wäre, mit „k", sondern mit „c" geschrieben wurde. Das ist pure Absicht! Ich habe mir zur Angewohnheit gemacht, Focus immer mit „c" zu schreiben, da das Wort in der englischen Sprache dann folgende Bedeutung hat:

Follow

One

Course

Until

Success.

Auf Deutsch lässt sich das dann wie folgt übersetzen: Folge einer Richtung (einem Ziel) bis zum Erfolg. Das ist ganz wichtig für die Verfolgung von Zielen. Ein wohlüberlegtes Ziel sollte auf keinen Fall bei den ersten größeren Schwierigkeiten wieder über den Haufen geworfen werden. Im Gegenteil: Jeder Rückschlag sollte sportlich genommen werden und die Hartnäckigkeit und die Disziplin bei der Zielerreichung verstärken. Deswegen ist der Focus elementar für die Erreichung Deiner persönlichen Ziele.

Zusammenfassend lässt sich sagen, dass **Disziplin und Focus die wichtigsten Grundbausteine für das Erreichen Deiner persönlichen FinanzFitnessZiele** sind. Neben diesen Grundbausteinen ist es wichtig zu wissen, wie Du das kontinuierliche Arbeiten an und mit Deinen finanziellen Zielen in der Praxis umsetzen kannst. Dazu gebe ich Dir im Folgenden einen Überblick über sinnvolle „Helferlein", konkrete Möglichkeiten, auskömmliche Renditen zu erwirtschaften und Dein Vermögen zu erhalten und abzusichern.

FinanzFitnessSchritt 7: Umsetzungstipps systematischer Vermögensaufbau

Mir ist bewusst, dass jeder praktische Tipp in diesem Kapitel nur eine Empfehlung aus meiner persönlichen Sicht heraus sein kann. Du denkst unter Umständen über die einzelnen Tipps anders und hast vielleicht zum Teil andere oder noch bessere auf Lager. Du kannst mir Deine hilfreichsten Tipps gerne per Mail zusenden – ich freue mich darauf!

Jetzt aber kommen wir zu meinen Umsetzungstipps.

Finanzsoftware

In den vorherigen Kapiteln habe ich sehr viel über Einnahmen und Ausgaben, Vermögen und Schulden und ähnliche Größen geschrieben. Ich empfehle die vorgestellten Tabellen in jedem Fall wie beschrieben zu verwenden, auszufüllen und zu analysieren. Es ist sehr wichtig, diesen Prozess mehrfach zu durchlaufen. Die daraus gewonnenen individuellen Erkenntnisse sind elementar für Dein Verständnis über alle für Dich wichtigen Finanzgrößen und Optimierungsmöglichkeiten.

Dennoch empfehle ich Dir, Dich parallel mit dem Thema Finanzsoftware zu beschäftigen. Der Vorteil ist, dass die meisten Programme über Schnittstellen zu Deiner Bank / Deinen Banken verfügen und somit alle Kontobewegungen automatisiert in die Software übertragen werden können. Dies ist ein enormer Zeitvorteil und versetzt Dich in die Lage, alle Buchungen automatisiert verschiedenen Ausgabenkategorien zuzuordnen. So erkennt beispielsweise die Software, dass eine Abbuchung eines Discounters in die Kategorie Lebensmittel gehört. Analog dieser Funktionsweise kannst Du Dir auf täglicher, wöchentlicher, monatlicher oder jährlicher Basis Deine Einnahmen und Ausgaben darstellen lassen. Dazu kannst Du entweder die vorgefertigten Kategorien verwenden oder Dir eigene Kategorien anlegen. Dazu hast Du in den vorherigen Kapiteln viele Ideen erhalten.

Neben den beschriebenen Funktionen bietet eine Finanzsoftware je nach Anbieter Möglichkeiten, wichtige Daten, die automatisch übernommen wurden, in die Steuererklärung übertragen zu lassen. Zusätzlich kann bei vielen Programmen eine sichere Online-Überweisungsfunktion genutzt werden.

Da es mittlerweile sehr viele Anbieter mit sehr unterschiedlichen Softwareangeboten gibt, empfehle ich, einen aktuellen Test von Finanzsoftware-Angeboten im Internet anzuschauen. Dann kannst Du in Ruhe und auf der Basis von Fakten die Anschaffung einer zu Deinen Wünschen passenden Finanzsoftware prüfen.

Elektronischer FinanzFitness-Kalender

Zur erfolgreichen dauerhaften Optimierung der Finanzen gehört die Erledigung von regelmäßigen Aufgaben:

- Anpassung von veränderten Einnahmen und Ausgaben,
- Überprüfung und Anpassung von Einnahmen- und Ausgabenbudgets,
- Überprüfen der Zielerreichung der definierten FinanzFitnessZiele,
- Jährliche Anwendung des GeldOptimierers,
- Überprüfung und Anpassung der definierten Lebens- und Finanzziele,
- Überprüfung der erreichten Verbesserungen bei den FinanzFitness-Zielen.

Um alle regelmäßigen Aufgaben rechtzeitig anzugehen, empfiehlt es sich, in einem elektronischen Kalender alle Tätigkeiten als Serientermin einzutragen. Dies hat den Vorteil, dass Du regelmäßig an das Thema FinanzFitness erinnert wirst. Dein Computer übernimmt somit die Funktion der papierhaften Wiedervorlage und entlastet gleichzeitig das schlechte Gewissen – denn Du bist ja sicher, dass Du alles im Griff hast!

App zur Optimierung der Barausgaben

Dir ist es bestimmt auch schon einmal passiert, dass Du beispielsweise 200 € von Deinem Konto in bar abgehoben hast. Eine Woche später schaust Du dann mit Überraschung in Dein Portemonnaie und stellst fest, dass von den 200 € nur noch wenig vorhanden ist. Das Portemonnaie ist in gewisser Weise ein „schwarzes Loch", in dem Dein Geld verschwindet -

wie bei der Familie FinanzFit. Eine Woche später fällt es Dir wahrscheinlich sehr schwer, genau aufzuschreiben, für was Du das Bargeld ausgegeben hast. Hierzu gibt es verschiedene Apps zum Download, die Dir helfen
können den Überblick zu behalten. Ich kann Dir die App „AndroMoney"
empfehlen. In dieser App kannst Du mit wenigen Klicks und Eingaben
Deine täglichen Bargeldausgaben eintragen. Hinterlegt ist eine Logik, die
Dir automatisch passende Kategorien zu den Ausgaben vorschlägt. Das
Besondere dieser App ist, dass Du täglich daran erinnert wirst, Deine Bar-
geld-Ausgaben einzutragen. Das kann manchmal lästig sein, hilft aber un-
gemein und diszipliniert.

Aufbau eines Dividendenaktiendepots

Weiter oben wurden bereits die Vorteile einer langfristigen Anlage in
Aktien, Aktienfonds und ETFs dargestellt. Um von der überdurchschnittlichen Rendite einerseits und einer monatlichen Auszahlung von Erträgen
andererseits profitieren zu können, bietet sich der Aufbau eines Dividendenaktiendepots an. Damit lassen sich unter Berücksichtigung der möglichen Kursgewinne oder Kursverluste Renditen von durchschnittlich 5 %
bis 6 % pro Jahr erzielen. Bei einem langfristigen Anlagehorizont sind die
Renditen entsprechend höher. Diese Erträge sind **passive Einnahmen**, da
nach dem Aufbau eines Dividendenaktiendepots nur noch zu einem geringen Teil Anpassungen vorgenommen werden müssen. Dadurch erzielst
Du mit einem sehr kleinen monatlichen zeitlichen Aufwand ordentliche
laufende und eben passive Erträge.

Besonders attraktiv wird ein Dividendenaktiendepot auch dadurch,
dass bei erfolgreichen Unternehmen die **Dividenden** über die Jahre gesehen in der Regel **steigen**. Dadurch ergibt sich quasi ein Zinseszinseffekt.
Die über die Jahre aufgelaufenen Dividenden können in das Verhältnis zu
dem ursprünglichen Kaufpreis gesetzt werden. Auf Sicht von mehreren
Jahren ergeben sich so noch attraktivere Dividendenrenditen. Dies möchte ich an folgendem Beispiel darstellen: Nehmen wir an, Du kaufst eine
Aktie zu einem Kurs von 100 €. Diese Aktie hat eine Dividendenrendite
von 2,4 %. Dir werden also, ohne Berücksichtigung von Steuern, im ersten
Jahr für diese Aktie 2,40 € Dividende gutgeschrieben. In den nächsten

neun Jahren erhöht sich die Dividende um jeweils 5 %. Somit ergibt sich folgender Dividendenplan vor Steuern:

- Erstes Jahr: 2,40 €,
- Zweites Jahr: 2,52 €,
- Drittes Jahr: 2,65 €,
- Viertes Jahr: 2,78,
- Fünftes Jahr: 2,92 €,
- Sechstes Jahr: 3,06 €,
- Siebtes Jahr: 3,22 €,
- Achtes Jahr: 3,38 €,
- Neuntes Jahr: 3,55 €,
- Zehntes Jahr: 3,72 €.

Damit ergibt sich ein Dividendenertrag von insgesamt 30,21 € während der zehnjährigen Anlagedauer. Bezogen auf das ursprünglich investierte Anfangskapital von 100 € beträgt die Dividendenrendite nicht mehr 2,4 % pro Jahr, sondern 3,02 % pro Jahr.

Wie oben bereits beschrieben, kannst Du die monatlichen Dividenden eines gesamten Depots aus Dividendenaktien zur Deckung Deiner laufenden Kosten verwenden. Wenn Du aber diese Dividenden nicht dazu benötigst, kannst Du die **Dividenden** beispielsweise halbjährlich wieder in die gleichen Dividendenaktien **reinvestieren**. Je nachdem wie viel Aktien Du von der jeweiligen Aktiengattung hast, kommen nach sechs Monaten durchaus Beträge zusammen, mit denen Du die gleichen Aktien wieder nachkaufen kannst. Dadurch erhöht sich der investierte Betrag, und die Anzahl der Aktien, für die Du Dividenden kassierst, steigt. Nach jedem neuen Kauf erhältst Du so monatlich höhere Erträge und Dein Konsumverzicht wird belohnt.

Bei den Aktien müssen zunächst die Werte mit einer hohen Dividendenrendite ausgesucht werden. Die Dividendenrendite beschreibt das Verhältnis der ausgeschütteten jährlichen Dividende zu dem aktuellen Aktienkurs. Je höher die Dividendenrendite, desto besser ist es. Vorsicht ist allerdings geboten, wenn eine sehr hohe Dividendenrendite ausgewiesen wird. Oftmals befindet sich das Unternehmen momentan in einer Krise, und die Dividendenzahlungen beziehen sich auf Geschäftsjahre, in denen es dem Unternehmen wirtschaftlich noch gut ging. Im Internet lassen sich Tabellen mit deutschen und internationalen Aktien finden, die die einzelnen Aktien nach der Höhe der Dividendenrendite sortiert haben. Hierbei ist aber nicht nur auf die Höhe der Dividendenrendite zu achten, sondern ein wichtiges Kriterium ist auch das Geschäftsfeld des Unternehmens. Das Geschäftsfeld sollte klar umrissen sein und eine langfristige Zukunftsperspektive haben. Unternehmen, die bereits lange am Markt bestehen und über Jahre hinweg stabile oder sogar steigende Dividenden ausgeschüttet haben, sind klar zu bevorzugen. Neben der Möglichkeit, sich selbst attraktive Dividendenaktien herauszusuchen, kannst Du auch auf bestehende Analysen aus Zeitschriften oder von verschiedenen Online-Diensten zurückgreifen.

Neben der Höhe der Dividende ist auch der Zeitpunkt der Dividendenzahlung wichtig. Im Idealfall gelingt es, jeden Monat eine Dividendenzahlung zu erwirtschaften und so die Erträge zu verstetigen. Diese passiven Einnahmen können in Deiner privaten Finanzplanung ebenfalls dazu verwendet werden, Deine laufenden Kosten zu decken. Unter dem Stichwort **Dividendenkalender** lassen sich im Internet zu vielen Unternehmen die aktuellen Dividendenzahlungen, die Dividendenrendite und der Zahlungstag der Dividende recherchieren. Aus diesen Angaben kannst Du Dir ein Portfolio mit dividendenstarken Aktien zusammenstellen.

Viele deutsche und europäische Unternehmen schütten ihre Dividenden im ersten Halbjahr und lediglich einmal pro Jahr (**Jahresdividende**) aus. In den USA beispielsweise sind Dividendentermine stärker über das Jahr verteilt und es wird in der Regel viermal pro Jahr eine **Quartalsdividende** gezahlt. Darüber hinaus gibt es vor allem auch US-Unternehmen, die eine **Monatsdividende** zahlen. Als Beispiel sei hier die „Realty Income Corporation" genannt (nur beispielhafte Nennung – keine Empfehlung!), die in Immobilien investiert und einen Teil der Einnahmen an die Aktionäre monatlich ausschüttet. Die Aktie des Unternehmens hat momentan eine Dividendenrendite von über 4 % pro Jahr. Wenn Du beispielsweise 10.000 € in die Aktien dieses Unternehmens investierst, erhältst Du auf der Basis aktueller Zahlen eine Dividende von monatlich ca.

30 €. Seit 1969 zahlt das Unternehmen jeden Monat eine Dividende. Wichtig zu wissen ist, dass auch **Dividendenaktien Kursschwankungen** unterliegen und auch Kursverluste entstehen können. Wie bei jeder Dividendenausschüttung wird am Tag der Ausschüttung der Betrag der Dividende von dem Aktienkurs abgezogen, somit sinkt der Aktienkurs exakt um diesen Betrag. In der Regel wird – in einem guten Börsenklima - im Laufe der nächsten Wochen dieser Betrag wieder aufgeholt. Natürlich ist auch dieses Unternehmen nicht vor einer mehrjährigen Abwärtsentwicklung an den Börsen geschützt. Auch bei dem Aufbau eines Dividendenportfolios empfehle ich Dir, auf die Anlage in unterschiedliche Aktien und Fonds zu achten - dadurch kannst Du das **Risiko reduzieren.**

In der Selektion von einzelnen Dividendenaktien steckt natürlich viel Engagement, Zeit und Wissen. Wenn Du Dir das etwas einfacher machen möchtest, kannst Du auch auf sogenannte „Dividenden-ETFs" zurückgreifen. Die meisten Dividenden-ETFs bilden einen sogenannten Dividendenindex ab. Das bedeutet, dass das Fondsmanagement das Vermögen der Anleger in genau dem Verhältnis in die Dividendenaktien investiert, welches die jeweiligen Indices vorgeben. Bekannte Dividendenaktien-Indices sind:

- Dow Jones Global Select Dividend,
- S&P Global Dividend Aristocrats und
- Stoxx Global Select Dividend 100.

Verschiedene Fondsgesellschaften bieten auf diese Dividendenaktien-Indices unterschiedliche ETFs an, die entweder nur mit Einmalzahlungen erworben werden können oder zum Teil auch über einen monatlichen Sparplan aufgebaut werden können. Für weitere Informationen bitte ich Dich, die einschlägigen Internetseiten zu besuchen.

Im Ergebnis bleibt festzuhalten, dass der **Aufbau eines Dividendenaktiendepots** über Dividendenaktien und Dividenden-ETFs **passive Einnahmen** ermöglicht. Durch eine entsprechende Aufteilung des zu investierenden Geldes bzw. der monatlichen Sparraten bleibt das Risiko begrenzt. Wenn Du einen langfristigen Anlagehorizont hast, können zwischenzeitliche Kursrückgänge sogar für Zukäufe genutzt werden.

Investition in Edelmetalle

Bereits seit vielen Jahrhunderten spielten die Edelmetalle eine wichtige Rolle als Zahlungsmittel. Wie am Anfang des Buches beschrieben, standen Gold und Silber bereits Pate bei der Erfindung des Münzgeldes. Über die reine Funktion als Zahlungsmittel hinaus wird insbesondere Silber für industriell gefertigte Produkte verwendet. Dies führt zu einer stärkeren Nachfrage. Zusätzlich sind sowohl Gold als auch Silber ein beliebtes Material für Schmuck. Beide Edelmetalle üben eine Faszination auf die Menschen aus. **Papierwährungen entstehen und verschwinden, Silber und Gold bleiben**.

Aufgrund der begrenzten Verfügbarkeit von Edelmetallen ist es sehr unwahrscheinlich, dass sie ihren Wert komplett verlieren. Experten schätzen die insgesamt jemals geförderte Menge an Gold auf ca. 166.000 t. Diese Menge entspricht einem Würfel von 20 m mal 20 m. Jährlich werden etwa 2.500 t neu gefördert. Diese Menge nimmt seit einigen Jahren ab, da einerseits erschlossene Goldvorkommen versiegen und andererseits unerschlossene Goldvorkommen immer schwieriger abzubauen sind.

Beispiel Silbermünze[21]

---

[21] Vorder- und Rückseite „Gedenkmünze 12. IAAF Leichtathletik WM Berlin 2009" in Silber

Trotz der Seltenheit von Gold und Silber unterliegen die Preise dieser Edelmetalle auch zum Teil starken Schwankungen. Dennoch bieten sich beide Edelmetalle zu einer grundlegenden Absicherung innerhalb einer diversifizierten Vermögensanlage gut an. Und dies obwohl Edelmetalle keine Zinsen oder Dividenden zahlen und somit keine passiven Einnahmen erwirtschaften. Eine kurzfristige Spekulation auf ansteigende Preise macht deswegen nur für einen sehr aktiven Anleger Sinn. Für einen langfristigen Vermögensaufbau und Vermögenserhalt ist das Kaufen und Halten sinnvoller. Doch in welcher Form kannst Du Dich bei Gold oder Silber engagieren?

Die Finanzindustrie war auch an dieser Stelle bisher sehr erfinderisch. Über verschiedenste Investmentfonds oder auch Zertifikate ist die Beteiligung an der Wertentwicklung von Gold oder Silber möglich. Allerdings sind diese Produkte meistens nicht mit echtem Gold oder Silber hinterlegt, sondern sie repräsentieren lediglich die Wertentwicklung der Edelmetalle. Einige ausgesuchte Produkte sind im Gegensatz dazu mit echtem Gold und echtem Silber hinterlegt. Du hast als Anleger das Recht, Dir den entsprechenden Anteil des Edelmetalls ausliefern zu lassen – wenn Du das willst. Die einschlägigen Finanzportale im Internet geben hierüber wieder genaue Auskünfte.

Die sicherste aller Methoden ist das Kaufen von physischem Gold oder Silber in Form von Münzen oder Barren. In diesem Fall bist Du weder abhängig von einer Fondsgesellschaft noch dem Einlöse-Versprechen einer Institution. Je nach der Höhe des zu investierenden Kapitals können zum Beispiel Barren oder Münzen in verschiedenen Größen zu verschiedenen Werten erworben werden. Bei Edelmetallen ist die wichtigste Recheneinheit die sogenannte Unze. Eine Unze entspricht einem Gewicht von 31,103 g. Meistens wird der Preis pro Unze in US-Dollar oder in Euro angegeben.

Zu beachten ist weiterhin, dass es eine Differenz zwischen dem Kaufkurs und dem Verkaufskurs gibt. Diese Differenz ist der Gewinn des Edelmetallhändlers. Mittlerweile kann man sowohl in vielen Städten direkt vor Ort oder aber auch von einem Händler im Internet Edelmetalle beziehen oder diese dort verkaufen. Generell ist zu sagen, dass Münzen im Vergleich zu Barren aufgrund der höheren Produktionskosten teurer sind. Dieser Abstand ist bei sehr gängigen Münzen mit einem hohen Umsatzvolumen kleiner. Sehr beliebte und umsatzstarke Münzen sind beispielsweise der Krügerrand aus Südafrika oder der Maple Leaf aus Kanada. Solche Münzen sind im Allgemeinen den weniger bekannten Sammlermünzen vorzuziehen, da das Anlageziel die langfristige Erhaltung des Kapitals ist. Das Erzielen von überdurchschnittlichen Gewinnen mit speziellen Sondermünzen sollte den Experten und Sammlern vorbehalten bleiben. Bei dem Kauf von Edelmetallen ist auf jeden Fall darauf zu achten, dass Du Dir einen seriösen Händler vor Ort oder im Internet suchst. Andernfalls besteht die Gefahr, dass Du nicht die Qualität erhältst, die Dir versprochen wurde.

Sowohl **Silber als auch Gold sind ein sogenannter „sicherer Hafen"**. Das bedeutet, dass die Preise von Silber und Gold ganz besonders dann steigen, wenn die Unsicherheit bezüglich politischer oder wirtschaftlicher Entwicklungen besonders hoch ist. Wenn umgekehrt die wirtschaftlichen und politischen Verhältnisse bestens sind, tendieren die Edelmetalle zu einer schwächeren Kursentwicklung.

Neben den fehlenden laufenden Erträgen ist sicherlich die notwendige sichere Aufbewahrung von Edelmetallen ein weiterer Nachteil. Aufbewahrt werden können Edelmetalle zum Beispiel in einem Bankschließfach oder eben in einem Tresor zu Hause. Bei dem Erwerb von Silbermünzen kommst Du aber relativ schnell an die Grenzen des Volumens eines klassischen Bankschließfaches. Rein unter dem Gesichtspunkt der Aufbewahrung ist somit die Anlage in Gold, aufgrund des im Vergleich zu Silber höheren Preises je Unze, einfacher. Dennoch ist die gleichzeitige Anlage sowohl in Gold als auch in Silber zu überlegen. So kann das Risiko reduziert werden.

FinanzFitnessSchritt 7: Du hast wichtige Tipps zur konkreten und dauerhaften Umsetzung des systematischen Vermögensaufbaus erhalten und kannst sie ab sofort umsetzen.

***Weitere Praxis-Tipps und aktuelle News findest Du auf
meiner* Webseite** www.die-geld-schule.de **oder auch in dem
Facebook-Profil der GeldSchule unter**
https://www.facebook.com/diegeldschule/.

KAPITEL VII: DIE DREI SÄULEN DER ALTERSVORSORGE – SCHEIN ODER SEIN?

Ein sehr wichtiges Thema wurde bisher lediglich in Kapitel II in dem Abschnitt über das Lebens- und Geldphasenmodell und in dem Rechentool FinanzFitnessCheck angeschnitten: **Spätestens mit dem Erreichen des gesetzlich definierten Rentenalters ändert sich für viele Menschen die Einkommenssituation erheblich.** Das Arbeitseinkommen fällt weg! Wenn Du den Empfehlungen dieses Buches gefolgt bist, hast Du Dir bis dahin über die vergangenen Jahre hinweg zusätzlich zu Deinem Einkommen aus Arbeit ein zweites Standbein zum Beispiel in Form von passiven Einnahmen aufgebaut. Wenn das Arbeitseinkommen wegfällt und die Einnahmen aus der gesetzlichen Rentenversicherung und den weiteren Bausteinen Deiner Altersvorsorge hinzukommen, gibt es aufgrund der von Dir erstellten Finanzplanung keine großen Überraschungen auf der Einnahmenseite. Dennoch ist dieser Lebensabschnitt sehr wichtig und bietet einige Herausforderungen im Vergleich zu Deiner Zeit als Arbeitnehmer. Deswegen stelle ich auf den folgenden Seiten einige wichtige Überlegungen vor.

Die Anforderungen an Vermögen mit 65+

Auch an dieser Stelle ist es wichtig, dass Du Dich zunächst fragst, welche übergeordneten Anforderungen Du an Deine aktuellen und zukünftigen Vermögensanlagen stellst. Bei der Definition der generellen Anforderungen ist das sogenannte „**Magische Dreieck der Anlage**" hilfreich. In diesem Dreieck werden die wichtigsten drei Kriterien einer Anlageform dargestellt: Rendite, Sicherheit und Verfügbarkeit. Das Besondere und „Magische" an diesen drei Kriterien ist, dass eine Erhöhung eines Kriteriums die Reduzierung eines anderen Kriteriums zur Folge hat. Gut darstellen lässt sich dies an den beiden Kriterien Rendite und Sicherheit. Eine Anlageform mit der höchsten Sicherheit bietet in aller Regel eine sehr niedrige Rendite. Als Beispiel lässt sich hier das ganz klassische Sparbuch einer Bank benennen. Möchtest Du als Anleger eine höhere Rendite erzielen, musst Du Abstriche bei der Sicherheit der Anlageform machen. Wenn Du beispielsweise eine einzelne Aktie eines Unternehmens kaufst, gehst

Du ein höheres Risiko als bei einem Sparbuch ein. Dafür erhältst Du (eventuell) eine höhere Rendite in Form der Dividendenzahlung und durch mögliche Kursgewinne. Analog dazu können auch die Rendite und die Verfügbarkeit als wichtige Kriterien einer Vermögensanlage in einem Zielkonflikt zueinanderstehen.

Gerade im Hinblick auf das Alter des Anlegers unterscheidet sich die Wichtigkeit der drei Kriterien. Ein Anleger im Alter von 25 Jahren hat in aller Regel einen sehr langen Anlagehorizont. Spart diese Person für das Rentenalter, hat sie einen Anlagehorizont von über 40 Jahren. Dementsprechend ist die Verfügbarkeit der Anlageform relativ unwichtig, sie hat schließlich über 40 Jahre Zeit. Auch das Thema Sicherheit hat nicht die höchste Bedeutung, da zwischenzeitliche Wertschwankungen der Anlage von keiner großen Bedeutung sind. Allerdings ist für einen 25-jährigen Menschen eine hohe Rendite sehr wichtig. In aller Regel ist in diesem Alter noch nicht sehr viel Vermögen vorhanden und es wird lediglich ein kleinerer monatlicher Sparbetrag zur Verfügung stehen. Aus diesem Grund ist in der folgenden Grafik die Rendite an der obersten Stelle des Dreiecks dargestellt.

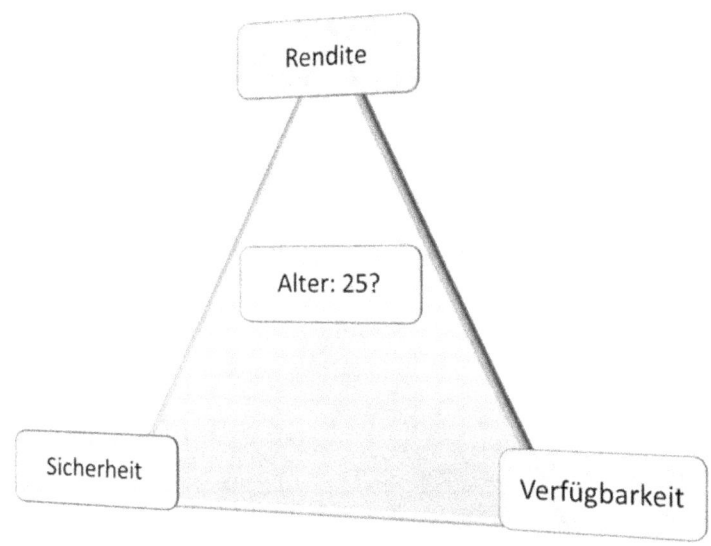

Magisches Dreieck der Anlage für 25-jährige Anleger

Anders sieht das magische Dreieck der Anlage bei einem 67-jährigen Menschen aus. In diesem Alter ist die Rendite nicht mehr so wichtig. Eine jederzeitige Verfügbarkeit und eine geringe Wertschwankung der Anlage haben jedoch eine sehr große Bedeutung. Der Hintergrund dafür ist, dass Ausgaben für die Gesundheit, altersgerechtes Wohnen oder für einen zusätzlichen Pflegebedarf entstehen können. Da ein solcher Bedarf sehr schnell und unerwartet auftreten kann, muss die jederzeitige Verfügbarkeit der Anlage gesichert sein. Je nach individueller Höhe des Vermögens und der Vermögensstruktur kann es auch schon ausreichend sein, zusätzliche Einnahmen wie Dividenden, Zinsen oder Mieteinnahmen aus der Anlageform bzw. aus dem gesamten Vermögen zu erhalten.

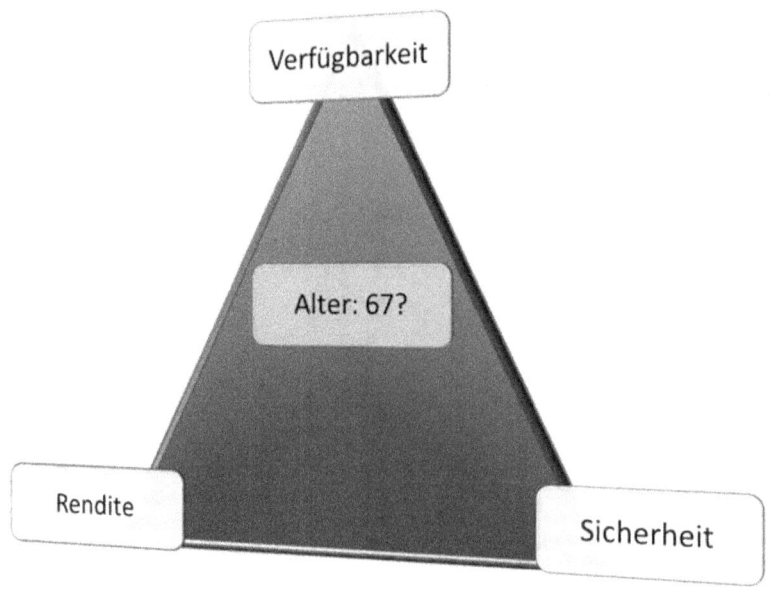

Magisches Dreieck der Anlage für 67-jährige Anleger

Die Schlussfolgerung aus der Betrachtung der unterschiedlichen Prioritäten der Kriterien je nach Alter des Anlegers ist nicht zu unterschätzen: Spätestens **ab einem Alter von 60 Jahren sollte ein gewachsenes Vermögen sukzessive in Richtung Verfügbarkeit und Sicherheit umstrukturiert werden**. Gerade bei Immobilien ist es wichtig, ein klares Zielbild vor Augen zu haben. Vermietete Immobilien haben den Vorteil, laufende Einnahmen zu generieren und somit zu den benötigten Einkommensflüssen im Alter beitragen zu können. Bei selbstgenutzten Immobilien kommt zu der geringen Verfügbarkeit noch dazu, dass sie keine laufenden Einnahmen generieren. Wie bereits weiter oben im Buch erwähnt, erspart eine selbst genutzte Immobilie naturgemäß eine Mietzahlung. Dies ist ein nicht zu unterschätzender Vorteil. Dennoch muss selbstkritisch überprüft werden, inwieweit eine selbst genutzte Immobilie noch gehalten werden soll/kann. Auch bei Wertpapieranlagen ist eine Überprüfung der Verfügbarkeit sinnvoll. Zehnjährige Anleihen sollten zumindest dahingehend hinterfragt werden, ob sich diese lange Laufzeit mit den Zielen des Anlegers vereinbaren lässt.

Da jede einzelne Vermögensstruktur individuell unterschiedliche Entscheidungen auslösen wird, sind weitere pauschale Aussagen an dieser Stelle nicht sinnvoll. Aus diesem Abschnitt empfehle ich Dir mitzunehmen, dass je nach Deinem Alter eine unterschiedliche Zieldefinition für Dein Vermögen sinnvoll ist.

Auch dabei ist es ganz wichtig, dass Du Deine individuellen Ziele festlegst und bestimmst, was Du wann umsetzen wirst. So kannst Du unabhängig von anderen Personen, Institutionen oder dem Staat Deine Zielerreichung planen.

Dies ist in Geldangelegenheiten und vor allem bei dem Thema Altersvorsorge nicht immer so, wie das nächste Kapitel zeigen wird.

Gesetzliche Rentenversicherung

Die Deutsche Rentenversicherung finanziert in Deutschland als eine der drei Säulen der Altersvorsorge die gesetzlichen Rentenzahlungen von ehemals Beschäftigten in Deutschland. Momentan ist die gesetzliche Rentenversicherung noch die mit Abstand wichtigste Einnahmequelle der meisten Bundesbürger.

Die drei Säulen der Altersvorsorge

Hauptsächlich werden die laufenden Rentenausgaben durch Beitragszahlungen der versicherungspflichtig Beschäftigten in Deutschland finanziert. Diese Art der Finanzierung nennt man „**Umlageverfahren**". Dieses Umlageverfahren wird auch als der sogenannte „Generationenvertrag" bezeichnet. Dieser Vertrag ist von der Sache her gar kein Vertrag zwischen mehreren Generationen, sondern stellt lediglich die gelebte Praxis der Rentenzahlung dar. Kern dieses Vorgehens ist, dass heutige Beitragszahler nicht für ihre eigene Rente im Alter zahlen, sondern für die heutigen Rentner aufkommen müssen. Im Gegensatz dazu spart ein Kunde einer privaten Rentenversicherung sein eigenes Geld für die eigenen Rentenzahlungen in der Zukunft an.

Provokativ ausgedrückt stellt die private Rentenversicherung ein Sparschwein dar, und die gesetzliche Rentenversicherung funktioniert nach dem Prinzip „von der Hand in den Mund". Aufgrund der seit Jahren immer größer werdenden Anzahl von Rentnern und der relativ gesehen geringeren Anzahl von Beitragszahlern, hat sich seit einigen Jahren die Finanzlage der Deutschen Rentenversicherung verschlechtert. Ein weiterer Grund für diese Situation ist die Übernahme von versicherungsfremden Leistungen, die mit dem Grundgedanken der reinen Rentenversicherung nichts zu tun haben. Eine aktuell festzustellende Entspannung der Finanzlage der gesetzlichen Rentenversicherung, bedingt durch konjunkturbedingt steigende Beitragseinnahmen, kann die langfristigen Probleme nicht lösen. Im Unterschied zu den privaten Rentenversicherungen muss die gesetzliche Rentenversicherung auf staatliche Zuschüsse setzen, da die Beiträge der Versicherungspflichtigen nicht für die Zahlung der laufenden Renten ausreichen.

Um Dir die Situation zu verdeutlichen, kommen wir um einige Zahlen nicht herum. Im Jahr 1960 finanzierten sechs Beitragszahler einen Rentner. Bereits im Jahr 2005 hatte sich dieses Verhältnis auf drei zu eins verschlechtert. Bis zum Jahr 2030 werden voraussichtlich zwei Beitragszahler die Rente eines Rentners finanzieren müssen. Anhand dieser Zahlen wird deutlich, dass das Umlageverfahren alleine nicht reicht. Deswegen hat die Politik in den vergangenen Jahren einige Stellschrauben am deutschen Rentensystem zulasten der Beitragszahler und der Rentner verändert.

Dies lässt sich an dem sogenannten „**Standardrentenniveau**" zeigen. Das Standardrentenniveau bezeichnet das durchschnittliche Verhältnis von Löhnen und Gehältern einerseits und den gezahlten Renten andererseits. Dabei gibt es die sogenannte „Standardrente". Diese Standardrente spiegelt die Höhe der gesetzlichen Rente wider, die ein Rentner erhalten würde, wenn er 45 Jahre ein durchschnittliches Gehalt erhalten und davon entsprechende Rentenbeiträge gezahlt hätte. Für 2017 beträgt nach einer Schätzung der Deutschen Rentenversicherung[22] die durchschnittli-

---

[22] Quelle: Deutsche Rentenversicherung, Tabelle: Standardrente der allgemeinen RV 2017 (alte Bundesländer, Schätzung Juni 2017): http://www.deutsche-rentenversiche-rung.de/Allgemein/de/Inhalt/Allgemeines/GrosseTabellen/kennzahlen_finanzen_vermoegen/1_kennzahlen_rechengroessen/01_standardrente_rentenniveau.html

che Standardrente 1.231 € netto vor Steuern und der entsprechende durchschnittliche Verdienst ca. 2.554 €. Somit beträgt das Standardrentenniveau netto vor Steuern 48,2 %. Da diese Zahlen lediglich statistische Durchschnittswerte sind, sagen sie gar nichts über Deine persönliche Rente aus. Zu Deinen persönlichen Rentenerwartungen kannst Du Dich bei den Beratungsstellen der Deutschen Rentenversicherung in Deiner Umgebung kostenlos beraten lassen.

Diese Zahlen stellen aber lediglich die aktuelle Situation dar. Das Standardrentenniveau hat sich in den vergangenen Jahrzehnten von 59,5 % auf die bereits erwähnten 48,2 % reduziert. Experten erwarten eine weitere Reduzierung auf 44 % bis zum Jahr 2030. Da es vollkommen in den Sternen steht, welche weiteren Änderungen am System der gesetzlichen Rentenversicherung in Deutschland vorgenommen werden, sind solche Aussagen lediglich eine Vermutung.

Ein weiterer Einschnitt ist das in den vergangenen Jahren von 65 Jahre auf 67 Jahre **angehobene Renteneintrittsalter** in Deutschland. Begründet wird diese Erhöhung mit der ansteigenden Rentenbezugsdauer, da die Deutschen - durchschnittlich betrachtet - immer älter werden. Wenn das mal kein Ansporn für Dich ist, möglichst lange zu leben!

Die bereits weiter oben erwähnte **Finanzlage der Deutschen Rentenversicherung** hat sich in den vergangenen Jahren verschlechtert - die Zahlungen der Beitragszahler decken nicht mehr die auszuzahlenden Renten. Die Differenz zahlt der Bundeshaushalt durch Bundeszuschüsse in die Rentenversicherung. Gemäß Angaben der Deutschen Rentenversicherung betragen die Bundeszuschüsse im Jahr 2017 schätzungsweise ca. 68.000.000.000 €. Dieser unglaublich hohe Milliarden-Betrag wird aus den Steuereinnahmen, die die Bürger und Unternehmen zahlen, finanziert. Bezogen auf die angenommenen Rentenausgaben im Jahr 2017 sind ca. 26 % somit Bundeszuschüsse. Nimmt man die gesamten Zahlungen des Bundeshaushalts in die Rentenversicherung zusammen, steigt diese Quote bereits auf über ein Drittel der Rentenzahlungen an – das sind dann ca. 91.000.000.000 €. Nur noch zwei Drittel der Leistungen der Deutschen Rentenversicherung werden heute von den Beitragszahlern finanziert. Dazu kommt, dass gemäß Projektionen der Bundesregierung bereits im Jahr 2020 die Summe der Bundeszuschüsse in die Rentenversicherung von 91.000.000.000 € auf über 100.000.000.000 € ansteigen wird. Bereits heute machen die Bundeszuschüsse knapp 28 % des gesamten Bundeshaushalts aus. Weitere Informationen hält das Bundesministerium für Arbeit und Soziales bereit. Der jährliche Rentenversicherungsbericht gibt einen guten Überblick über die aktuellen Entwicklungen.[23]

Für den deutschen Bundeshaushalt ist das in Zeiten sprudelnder Steuereinnahmen gerade noch tragbar. Sollten die Steuereinnahmen aber einmal sinken, werden die hohen Zuschüsse immer schwieriger zu finanzieren sein.

Wichtig zu erwähnen ist, dass es in 2017 und 2018 wichtige Änderungen an der gesetzlichen Rentenversicherung gab bzw. geben wird. Einen guten Überblick über die aktuellen Änderungen hat die Zeitschrift Finanztest in der Ausgabe Februar 2017 gegeben[24]. Aus dieser Analyse lassen sich wichtige Möglichkeiten zur Optimierung Deiner persönlichen Rentenhöhe ableiten. Zudem ist die Deutsche Rentenversicherung dazu verpflichtet, Dich so zu beraten, dass Du das Bestmögliche aus der gesetzlichen Rentenversicherung herausholen kannst. Nutze diese Möglichkeit!

Im Ergebnis bleibt festzuhalten, dass wir länger arbeiten müssen für eine relativ gesehen geringere Rente. Damit wird deutlich, dass Du Dich **keinesfalls auf die gesetzliche Rente als alleinige Einkommensquelle im Rentenalter verlassen** kannst. Ganz realistisch solltest Du damit rechnen, dass die gesetzliche Rentenversicherung in den nächsten Jahren weiter unter Druck kommt und die gesetzliche Rente an Bedeutung verlieren wird.

Dennoch bin ich der Meinung, dass die gesetzliche Rentenversicherung weiterhin ein wichtiger Planungsbestandteil der zukünftigen Rent-

---

[23] Quelle:
http://www.bmas.de/DE/Themen/Rente/Rentenversicherungsbericht/rentenversicherungsbericht.html

[24] Kostenpflichtig zu beziehen über: https://www.test.de/Gesetzliche-Rente-Mit-der-Flexirente-zum-Rentenplus-5125098-0/

ner sein wird. Jedoch sollten wir uns nicht darauf verlassen, dass zukünftige Rentner das gleiche Versorgungsniveau erhalten werden, wie das bei den heutigen Rentnern der Fall ist. Die Vorsorgelücke wird steigen. Die gute Nachricht: Du kannst diese durch die betriebliche oder die private Altersvorsorge reduzieren oder sogar schließen.

> **FinanzFitnessTipp gesetzliche Altersvorsorge:** Nutze das kostenlose Beratungsangebot der Beratungsstellen der Deutschen Rentenversicherung. Prüfe die Richtigkeit der vorliegenden Daten und mögliche Erhöhungen der gesetzlichen Rente durch die neuen Möglichkeiten der sogenannten Flexi-Rente.

Betriebliche Altersvorsorge

Die betriebliche Altersvorsorge stellt die zweite Säule der Altersversorgung in Deutschland dar. Im Rahmen der betrieblichen Altersversorgung schließen der Arbeitgeber und der Arbeitnehmer eine Vereinbarung zum Aufbau einer Altersvorsorge ab. Im Rahmen dieser Vereinbarung werden in aller Regel Gehaltsbestandteile zum Aufbau einer Altersversorgung „umgewidmet". Die Finanzierung der Beiträge zur betrieblichen Altersvorsorge übernehmen entweder der Arbeitgeber alleine, der Arbeitnehmer alleine oder Arbeitgeber und Arbeitnehmer gemeinsam.

Im Vordergrund der betrieblichen Altersvorsorge steht das Ansparen eines Vermögens, aus dem im Rentenalter eine monatliche Rente als Ergänzung zu der gesetzlichen Rente gezahlt wird. Das Prinzip der betrieblichen Altersvorsorge ist dem der privaten Rentenversicherung ähnlich: Für einen Versicherten besteht ein separater Vertrag und entsprechend wird ein separates Vermögen aufgebaut. Wie bereits oben dargestellt, ist dies ein wichtiger qualitativer Unterschied zu der gesetzlichen Altersversorgung.

In der Ansparphase bietet die betriebliche Altersvorsorge **steuerliche Vorteile** für Arbeitnehmer und Arbeitgeber. Bei der betrieblichen Altersvorsorge werden die Arbeitnehmerbeiträge vom Bruttogehalt abgezogen. Dies hat für den Arbeitnehmer den Vorteil, dass er für diese Gehaltsbestandteile keine Sozialversicherungsabgaben und Steuern leisten muss.

Der Arbeitgeber wiederum hat den Vorteil, dass er auf die gezahlten Beiträge zur betrieblichen Altersvorsorge keine Sozialversicherungsabgaben zahlen muss. Zusätzlich stellen die Arbeitgeberbeiträge eine gewinnmindernde Betriebsausgabe für das Unternehmen dar. Gerade in Zeiten von Fachkräftemangel ist das Angebot einer betrieblichen Altersvorsorge ein wichtiges Instrument, um Mitarbeiter zu gewinnen und an Unternehmen zu binden. Insbesondere bei kleinen und mittleren Betrieben, die noch keine betriebliche Altersvorsorge anbieten, kann ein solches Angebot die Mitarbeitergewinnung erleichtern.

Gemäß einer Studie von TNS Infratest im Auftrag des Bundesministeriums für Arbeit und Soziales hatten im Jahr 2015 ca. 40 % der sozialversicherungspflichtigen Arbeitnehmer im Alter von 25-65 Jahren (ohne Zusatzversorgung des öffentlichen Dienstes) eine betriebliche Altersvorsorge[25]. Allerdings ist festzuhalten, dass nur 18 % der Beschäftigten mit einem Bruttoeinkommen von bis zu 1.500 € pro Monat eine betriebliche Altersvorsorge haben. Beschäftigte mit einem monatlichen Bruttoeinkommen von über 4.500 € hingegen haben mit einer Quote von 71 % viel häufiger eine betriebliche Altersversorgung. Dieses ist insoweit nachvollziehbar, da in den unteren Einkommensgruppen schlichtweg das Geld fehlt, um monatlich für das Alter zusätzlich vorzusorgen. Die Folge dieser Entwicklung ist eine, in Verbindung mit einer geringen gesetzlichen Rente, überdurchschnittlich häufig drohende Altersarmut für heutige Geringverdiener.

Durchschnittlich zahlen die sozialversicherungspflichtigen Beschäftigten im Alter von 25-65 Jahren 123 € im Monat als Eigenanteil in die betriebliche Altersversorgung ein.

Diejenigen Arbeitnehmer, die 40 Jahre in die betriebliche Altersvorsorge eingezahlt haben, erwerben gemäß der oben genannten Studie eine

---

[25] Quelle: FORSCHUNGSBERICHT 476 Verbreitung der Altersvorsorge 2015 (AV 2015) – Endbericht – des BMAS, veröffentlicht im Januar 2017. Alle Angaben in diesem Kapitel ohne den öffentlichen Dienst. Nachzulesen unter: http://www.bmas.de/DE/Service/Medien/Publikationen/Forschungsberichte/ Forschungsberichte-Rente/fb-476-verbreitung-altersvorsorge-2015.html

Anwartschaft von durchschnittlich 753 € pro Monat. Auch hier gibt es deutliche Unterschiede zwischen Männern und Frauen einerseits und der Höhe des Bruttolohns andererseits.

Die oben beschriebenen Vorteile für den Arbeitnehmer in punkto Sozialversicherungsbeiträge und Steuern kehren sich ab dem Zeitpunkt der Auszahlung der betrieblichen Altersvorsorge in einen **steuerlichen Nachteil** um. Hintergrund dieser Tatsache ist die sogenannte nachgelagerte Besteuerung der betrieblichen Altersvorsorge. Das bedeutet, dass von den monatlichen Anwartschaften Steuern und weitere Abgaben abgezogen werden müssen. Damit kommen zum Teil erhebliche Abzüge von den jeweils erworbenen monatlichen Anwartschaften zustande. Nähere Auskünfte gibt Dir Dein Steuerberater.

Der Bundesrat hat am 07. Juli 2017 das von der Bundesregierung und dem Bundestag verabschiedete „Betriebsrentenstärkungsgesetz" beschlossen. Damit kann dieses zum 01.01.2018 schrittweise in Kraft treten. Kritiker bezeichnen dieses Gesetz schon als „Gesetzliche-Renten-Schwächungsgesetz", da es neben einigen Verbesserungen auch viele Verschlechterungen für Versicherte gibt. Diese einzeln darzustellen würde den Umfang des Kapitels sprengen. Eine Recherche zu diesem Thema kann ich Dir auf jeden Fall empfehlen.

Ein wichtiger Nachteil der Betriebsrente ist auf jeden Fall weiterhin zu bedenken: Auf den Teil des Bruttolohns, der für die Betriebsrente verwendet wird, werden keine Beiträge in die gesetzliche Rentenversicherung gezahlt. Damit reduziert sich entsprechend die eigene gesetzliche Rente.

Insgesamt hat sich die betriebliche Altersvorsorge in den vergangenen Jahren und Jahrzehnten zu einer sehr wichtigen Säule in der Altersversorgung der Bürger entwickelt.

FinanzFitnessTipp betriebliche Altersvorsorge: Prüfe die Möglichkeit des Abschlusses einer betrieblichen Altersvorsorge bei Deinem Arbeitgeber. Wenn Du schon eine betriebliche Altersvorsorge abgeschlossen hast, kann eine Überprüfung durch einen unabhängigen Rentenberater Sinn machen.

Private Altersvorsorge

Die private Altersvorsorge ist die dritte und letzte Säule in dem Drei-Säulen-System der deutschen Altersvorsorge. Hierbei wird ein Vertrag zwischen einem Produktanbieter und einer Privatperson geschlossen.

Zum Teil gewährt der Staat Zuschüsse zu den monatlichen Beiträgen, wenn der Altersvorsorgevertrag gesetzlichen Vorgaben entspricht. Die wichtigste staatliche Förderung ist die sogenannte „Riester-Förderung". Jeder dritte sozialversicherungspflichtig Beschäftigte zwischen 25 und 65 Jahren zahlt in eine Riester-geförderte Altersvorsorge ein[26]. Diese Personen zahlen durchschnittlich 80 € pro Monat an Eigenbeitrag ein. Das durchschnittliche Riester-geförderte Altersvorsorgevermögen beträgt knapp 8.000 € pro Person. Mit der zunehmenden Zahl von Beitragsjahren wird der durchschnittliche Betrag des Riester-geförderten Altersvorsorgevermögens weiter steigen. Dies kommt hauptsächlich durch die monatlichen Einzahlungen und in einem geringeren Ausmaß durch die Renditen der Anlagen zustande.

Neben den staatlich geförderten privaten Altersvorsorgearten gibt es weitere (bereits beschriebene) zusätzliche Vorsorgekategorien:

- Selbstgenutztes Wohneigentum,
- Private Renten oder Lebensversicherungen,
- Sparguthaben, Wertpapiere und Betriebsvermögen,
- Einkommen aus Vermietung und Verpachtung,
- Sonstige Altersversorgung.

In der Altersgruppe der 25- bis 65-jährigen sozialversicherungspflichtig Beschäftigten spielen die ersten drei genannten Vorsorgekategorien prozentual die größte Rolle. So besitzen in dieser Altersgruppe 57 % der

---

[26] Quelle: FORSCHUNGSBERICHT 476 Verbreitung der Altersvorsorge 2015 (AV 2015) – Endbericht – des BMAS, veröffentlicht im Januar 2017. Nachzulesen unter:
http://www.bmas.de/DE/Service/Medien/Publikationen/Forschungsberichte/Forschungsberichte-Rente/fb-476-verbreitung-altersvorsorge-2015.html

Menschen selbstgenutztes Wohneigentum. Lediglich 13 % der Personen beziehen Einkommen aus Vermietung und Verpachtung.

Somit zeigt sich, dass sich gerade bei einem Beginn der privaten Altersvorsorge in jungen Jahren, hohe Vermögenswerte aufbauen lassen. Gerade im Bereich der Wertpapiere und der Einkommen aus Vermietung und Verpachtung besteht ein großes Wachstumspotenzial.

Durch das in diesem Buch beschriebene Wissen und die von Dir erworbene Umsetzungskompetenz über das Rechentool FinanzFitness-Check hast Du alle **Möglichkeiten, um die private Altersvorsorge auf- und auszubauen**. Dies ist notwendig, um Risiken in Bezug auf die zukünftige Höhe der gesetzlichen Altersvorsorge auszugleichen.

FinanzFitnessTipp private Altersvorsorge: Nutze die Möglichkeiten einer zusätzlichen privaten Altersvorsorge und ergänze damit die gesetzliche Rentenversicherung und die betriebliche Altersvorsorge.

KAPITEL VIII: "I HAVE A DREAM…"

… ist der Titel der berühmten Rede von Martin Luther King, die er am 28. August 1963 in Washington D.C. anlässlich des sogenannten „Marsches auf Washington für Arbeit und Freiheit" hielt. Er hatte in der Rede eindrucksvoll geschildert, wie er die zukünftigen Entwicklungen der Gesellschaft einschätzte und welche Erwartungen er an diese hatte.

Da wir uns nun dem Ende dieses Buches nähern, ist es an der Zeit, auch ein bisschen zu träumen! Nicht von den großen gesellschaftlichen Themen, sondern von ganz konkreten positiven Veränderungen, die Du bezüglich Deiner Lebens- und Finanzziele erreichen kannst.

Weil Du so tapfer bis an diese Stelle des Buches gelesen und gearbeitet hast, möchte ich Dich belohnen und mit Dir einen kleinen Traum teilen – die Geschichte über den Geldbaum.

Der Geldbaum

Max ist auf dem Weg von der Arbeit nach Hause und denkt über seinen heutigen Tag nach. Eigentlich fing alles total gut an: Er ist gut erholt aufgewacht und nach einem guten Frühstück, sogar ohne den üblichen nervigen Stau, schnell mit dem Auto zur Arbeit gefahren. Die Zeit im Auto hatte er gut genutzt, um sich einen Plan für den heutigen Arbeitstag zurechtzulegen. Vor dem ersten Termin mit dem Chef wollte er noch einige offene Punkte klären, die nicht beantworteten E-Mails beantworten und das Gespräch mit dem Chef vorbereiten. Nach dem Gespräch wollte er vor der nächsten Projektsitzung die Unterlagen zusammenstellen, die eigentlich schon letzte Woche bei dem Projektleiter abgegeben werden sollten. Das Projekt war sehr wichtig und bedeutend für die Firma. Der komplette Nachmittag war für das ganz normale Tagesgeschäft vorgesehen.

Als Max auf der Arbeit angekommen war, kam jedoch alles ganz anders. Der Chef war schon im Büro – eine Stunde früher als sonst! Max ahnte schon Schlimmes. „Ja endlich sind Sie da!" sagte der ziemlich schlecht gelaunte Vorgesetzte. Und schon begann das Drama: Am Abend zuvor um 21:35 Uhr hatte der Projektleiter die Projektunterlagen – soweit sie vorlagen – an die Führungsgruppe verteilt. In dieser Führungsgruppe war auch der Chef von Max. Nach Durchsicht von 66 Seiten der 67-seitigen Präsentation wurde dem Chef gestern Abend um 22:27 Uhr klar, was auf der Seite 67 steht: Das wichtigste Projekt des Unternehmens der vergangenen zehn Jahre war komplett aus dem Zeit- und Budgetrahmen gelaufen. Das Projektziel konnte (wenn überhaupt) nur mit großen Abstrichen umgesetzt werden. Alle Ampeln des Projektes standen auf dunkelrot.

Genauso dunkelrot unterlaufen waren auch die Augen des Chefs von Max, als er ihn heute Morgen um 7:35 Uhr auf der Arbeit begrüßte. Um es kurz zu machen: Der Rest des Tages versank im Chaos. Die Projektsitzung war eine reine Katastrophe. Alle Beteiligten versuchten, Schuldige dafür zu suchen, dass das Projekt an die Wand gefahren war. Bei dieser Suche hat sich natürlich jeder selbst ausgenommen.

Max war erst um 19:45 Uhr fast zu Hause angekommen. Fix und fertig von dem komplett verkorksten Tag wollte er sich ein kühles Bierchen genehmigen, um den Tag doch halbwegs versöhnlich beenden zu können. Er dachte noch: „Warum tue ich mir das an?"

Wie immer fuhr er an der Gärtnerei vorbei. Plötzlich schoss es ihm durch den Kopf: Er hatte seiner Frau versprochen, einen neuen Apfelbaum für den Garten zu kaufen. Max bremste stark, wendete den Wagen und fuhr kurz vor Geschäftsschluss auf den Parkplatz der Gärtnerei, deren Eigentümer, gefühlt schon seit über 100 Jahren, ein Experte in allen Fragen der Botanik ist.

Den Gärtner Willi kannte Max schon seit seiner Kindheit. Früher kam Max mit seinen Eltern und kaufte Blumen für den Garten ein. In den Sommerferien half Max Willi und verdiente sich ein kleines Zubrot zu seinem Taschengeld. Aus diesem Grund kannte Max den Gärtner einerseits sehr gut. Andererseits war Willi für Max immer sehr geheimnisvoll. Ein Teil der Gärtnerei war ein Bereich, den nur Willi betreten durfte. Dort wuchsen wohl ganz besondere Pflanzen dachte sich Max. Nun aber wollte er einen Apfelbaum kaufen.

Nachdem Willi und Max sich begrüßt hatten, sah Willi Max prüfend an und fragte: „Was ist mit Dir los? Du siehst nicht gut aus!" Max überlegte kurz, ob er die Frage mit einer allgemeinen Floskel abtun oder ob er Willi in seine Gedanken einweihen sollte. Max fasste kurz den Tag zusammen und fragte den wesentlich älteren Willi: „Warum tun wir uns das an? Nur um Geld zu verdienen, arbeiten wir an Dingen, die uns keinen Spaß machen!" Willi überlegte nur kurz und sagte: „Oft hindern uns Gewohnheiten daran, das Richtige zu tun. Dabei müssen wir uns nur auf das Richtige focussieren, um unser Ziel zu erreichen."

Max konnte mit dieser Antwort nicht richtig viel anfangen und sagte Willi, dass er eigentlich hier sei, um einen Apfelbaum zu kaufen. Willi überlegte kurz und führte Max, zu dessen Überraschung, in den „geheimen" Teil der Gärtnerei. Er blieb vor einem Baum stehen und sagte zu Max: „Das ist der richtige Baum für Dich!" Max schaute erst den Baum und dann Willi an. Der Baum sah anders als ein Apfelbaum aus. Da Max Willi vertraute, nahm er den Baum und beide gingen zur Kasse. Nach dem Bezahlen gab Willi genaue Instruktionen zur Pflege des Baums mit: Düngen, Schneiden, Gießen, die Erde Lüften etc. „Wenn Du Dich regelmäßig, wie ich es Dir beschrieben habe, um den Baum kümmerst und dafür sorgst, dass es ihm gut geht, wirst Du viel Freude haben." Max bedankte sich, fuhr nach Hause und pflanzte den Baum an der besten Stelle des Gartens ein.

Max machte sich viel Mühe mit dem Baum und befolgte alle Anweisungen des alten Gärtners.

Im nächsten Frühjahr blühte der Baum zur großen Freude von Max wunderschön. Die Blüten verblühten und zur großen Überraschung wuchsen keine Äpfel, sondern Geldscheine an dem Baum! Zehner, Zwanziger, Fünfziger und sogar einige Hunderter und Zweihunderter wurden von Tag zu Tag größer!

Max ließ alles stehen und liegen und fuhr sofort zu Willi, der ihn offensichtlich schon erwartet hatte. Aus Max sprudelte alles heraus und er erzählte Willi, was er getan hatte: den schönsten Platz im Garten ausgesucht, den Baum eingepflanzt, den besten Dünger verwendet, Bücher über das richtige Schneiden und die Pflege von Bäumen gelesen, für ausreichend Wasser gesorgt, die Erde regelmäßig gelüftet etc. Niemals hätte er erwartet, dass es möglich ist, einen Geldbaum zu haben. Willi holte tief Luft und sagte: „Du hast alles richtiggemacht: Du hast ein Ziel formuliert, Geld investiert, Wissen angeeignet und Dich darauf focussiert, Dein Ziel zu erreichen."

Einige Tage später saß Max mit einem Glas Rotwein in der Hand auf seiner Terrasse und blickte auf den Geldbaum. Auf einmal begriff er, was

Willi ihm gesagt hatte und welche Bedeutung dieser eine Satz für das ganze Leben hatte.

Er beschloss ab morgen einiges in seinem Leben zu verändern…

Vom Spielbein zum zweiten Standbein

In meinen Seminaren führe ich mit den Teilnehmern oft eine kleine Übung durch. Hast Du Lust mitzumachen? Wunderbar! Los geht's!

Wenn Du in diesem Moment sitzt, dann stehe bitte jetzt auf. Stelle Dich bequem und breitbeinig hin. Schließe die Augen und stelle Dir vor, dass Du bald das Gewicht von einem Bein auf das andere verlagern wirst, um anschließend ein Bein hoch zu heben und einbeinig stehenzubleiben. Tue es aber noch nicht! Denke nur darüber nach, was gleich passieren wird: Du stellst Deine Beine wieder näher zueinander und beginnst, Dein Körpergewicht auf ein Bein zu verlagern. Wenn Dein gesamtes Körpergewicht auf einem Bein liegt, kannst Du beginnen, das andere Bein langsam anzuheben und Stück für Stück so lange nach oben zu bringen, bis der Unterschenkel und der Oberschenkel im rechten Winkel zueinanderstehen.

Nachdem Du bis jetzt nur darüber nachgedacht hast, was gleich zu tun ist, kannst Du mit der Ausführung beginnen. Schritt für Schritt folgst Du den vorher von Dir gedanklich formulierten Abläufen, bis Du schließlich wirklich auf einem Bein stehst.

Wie fühlst Du Dich? Geht es Dir gut? Wie lange kannst Du auf einem Bein stehen bleiben? Wie lange kannst Du auf zwei Beinen stehen bleiben? Ab wann beginnst Du Dein Gleichgewicht zu suchen?

Halte die Stellung auf einem Bein so lange wie es geht und höre in Dich hinein. Wenn Du das Gefühl hast, bald das Gleichgewicht zu verlieren, dann stelle das Bein, das in der Luft ist, wieder so auf den Boden, dass zunächst nur die Fußspitzen den Boden berühren. Welches Gefühl hast Du jetzt? Fühlst Du Dich mit den Fußspitzen Deines zweiten Beines (= **Spielbein**) auf dem Boden wieder sicherer? Nun kannst Du Dich wieder auf beiden Beinen bequem hinstellen. Vielen Dank fürs Mitmachen!

Übertragen auf Deine Finanzen möchte ich mit dieser kleinen Übung verdeutlichen, **wie wir finanziell gesehen oft durch das Leben taumeln**. Wir stehen auf einem Bein, sind abhängig von einer Einnahmequelle und fühlen uns auf Dauer nicht wohl. Zweibeinig, also mit mehreren Einnahmequellen, fühlen wir uns besser und können standfester durch das Leben schreiten. Sobald in der Übung die Zehenspitzen den Boden berühren, konnten wir nicht mehr umzukippen. Wir konnten uns entspannen.

Diese Situation kannst Du jederzeit durch die in diesem Buch vorgestellten Möglichkeiten des Vermögensaufbaus erreichen. Optimiere Deine Einnahmen und Ausgaben, lege Deine Lebens- und Finanzziele fest, erhöhe durch konsequentes und diszipliniertes monatliches Sparen im Rahmen des Kontenmodells Dein Vermögen, baue Dir ein Wertpapierdepot mit Dividendenaktien auf, investiere in Immobilien, etc. Fange klein an, mit den Zehenspitzen auf dem Boden, wachse und Du hast ein zweites „finanzielles Spielbein". Wenn Du diesen Weg konsequent und systematisch weitergehst, wird aus dem finanziellen Spielbein Schritt für Schritt ein **zweites finanzielles Standbein**. So erarbeitest Du Dir monatliche Zusatzeinnahmen und baust systematisch Dein Vermögen auf und aus. Wie Du in dieser kleinen Übung gesehen hast, steht es sich auf zwei Beinen viel besser als auf einem Bein!

KAPITEL IX: FINANZFITNESSTIPPS - DIE ZUSAMMENFASSUNG

Wie in der Einleitung versprochen, habe ich die FinanzFitnessTipps jetzt noch einmal zusammengefasst. Dies ermöglicht Dir einen schnellen Überblick über die wichtigsten Inhalte des Buches zu gewinnen. Du kannst so jederzeit im Nachhinein wieder einen Blick darauf werfen und überprüfen, wie FinanzFit Du schon bist.

1. **FinanzFitnessTipp Wissen:** Investiere Zeit und Wissen über Finanzen in Dich und Deine finanzielle Zukunft!

2. **FinanzFitnessTipp Konsum:** Sei kein Sklave der Konsumgesellschaft! Lasse Dich nicht verführen! Du entscheidest, wann Du genug konsumiert hast!

3. **FinanzFitnessTipp 0 %-Finanzierung:** Vermeide Konsumschulden! Konsumschulden schränken Dich in der Zukunft ein und reduzieren Deine Bonität.

4. **FinanzFitnessTipp Verschwendung:** Durchbreche das Gesetz der Verschwendung! Mache es Dir zur Regel, jede Gehaltserhöhung oder jede sonstige außerordentliche Einnahme zu 50 % zur Seite zu legen. Spare oder investiere den Betrag. Jeder Euro Vermögenszuwachs schafft Dir zusätzliche Unabhängigkeit und Freiheit.

5. **FinanzFitnessTipp Finanzschock:** Sorge vor! Schaffe Dir eine finanzielle Reserve!

6. **FinanzFitnessTipp Beziehung:** Definiere mit Deinem Partner / Deiner Partnerin gemeinsame finanzielle Ziele und Pläne. Der Spaß am gemeinsamen Weg und die Freude über das Erreichen der Ziele ist „Beziehungskitt".

7. **FinanzFitnessTipp Einkommensarmut:** Prüfe neben einer möglichen Reduzierung von Ausgaben auch die Erhöhung von Einnahmen - siehe Kapitel „Einnahmearten". Versuche, möglichst schnell aus der Zwangssituation herauszukommen!

8. **FinanzFitnessTipp Armutsformel:** Denke immer an die Armutsformel, wenn Du vor einer wichtigen finanziellen Entscheidung stehst. Prüfe, ob Deine Entscheidung Dich ein Stück näher in die Armut führt oder ob sie Dich in Richtung Deines finanziellen Erfolges bringt!

9. **FinanzFitnessTipp Aktive Einnahmen:** Wenn Du Dich mit aktiven Einnahmen wohl fühlst, aber mit der Höhe nicht zufrieden bist, überprüfe diese darauf hin, ob Du sie erhöhen kannst. Dies geht zum Beispiel über ein Gespräch zu einer Gehaltserhöhung mit dem Chef oder auch über das Annehmen eines Nebenjobs in einem Bereich, der Dir am meisten Spaß macht.

10. **FinanzFitnessTipp Passive Einnahmen:** Informiere Dich über passive Einnahmen. Suche Dir eine Betätigung aus, die Dir Spaß macht, die Dich herausfordert und mit der Du passive Einnahmen generieren kannst. Probiere es einfach, fange klein an und TUE ES!

11. **FinanzFitnessTipp Sparen:** Überlege Dir, was Dir wichtiger ist: Dinge oder Deine FinanzFitness, die nichts Anderes als die Freiheit in Deiner Zukunft bedeutet! Spare, egal wie hoch oder niedrig die Zinsen sind! Spare mindestens 20 % Deines Nettoeinkommens!

12. **FinanzFitnessTipp Investieren:** Investiere erst, wenn Du ausreichend gespart hast. Suche Dir Investitionsmöglichkeiten, die eine deutlich höhere Rendite versprechen als das Sparen.

13. **FinanzFitnessTipp Diversifizieren:** Setze nicht alles auf eine Karte! Investiere im Zeitverlauf gerade bei einem kontinuierlich steigenden Vermögen in mehrere Anlageklassen wie zum Beispiel Aktien, festverzinsliche Wertpapiere, Edelmetalle und Immobilien und nutze die unterschiedlichen Chancen- und Risikoprofile.

14. **FinanzFitnessTipp Schlechte Schulden:** Vermeide schlechte Schulden! Bei schlechten Schulden handelt es sich um „Zwangs-Nachsparen" im Gegensatz zu dem „Freiwilligen Vorsparen" bei dem Sparen auf einen Gegenstand hin. Da dies einer der wichtigsten FinanzFitnessTipps ist, empfehle ich Dir dringend: Schlechte Schulden sind zu vermeiden, und wenn Du bereits welche hast, sollten diese so schnell es geht auf null Euro reduziert werden.

15. **FinanzFitnessTipp Gute Schulden:** Gute Schulden sind Schulden, die für Investitionen aufgenommen werden, die Dir Erträge bringen. Suche nach attraktiven Investitionsmöglichkeiten, für die Du neben der Investition von eigenem Geld auch gute Schulden aufnehmen kannst.

16. **FinanzFitnessTipp Verschuldung:** Verliere die Angst vor guter Verschuldung! Prüfe, wie gute Schulden Dir bei der Erreichung Deiner finanziellen Ziele helfen können. Meide unter allen Umständen das Aufnehmen von schlechten Schulden! (Das ist eine bewusste Wiederholung, da dies maßgebend darüber entscheidet, ob Du finanziell erfolgreich sein wirst oder in einem finanziellen Desaster endest.)

17. **FinanzFitnessTipp Überschuldung:** Vermeide durch ein geplantes und vorsichtiges Umgehen mit Schulden eine Überschuldung! Beachte die Grundregel: Die Einnahmen müssen langfristig immer größer als die Ausgaben sein! Ausufernde Verschuldung führt zur Überschuldung und Überschuldung führt zur Privatinsolvenz!

18. **FinanzFitnessTipp Bonität:** Überprüfe jedes Jahr Deine Bonität bei den wichtigsten Auskunfteien kostenlos.

19. **FinanzFitnessTipp Angestellter:** Überlege Dir Möglichkeiten, Deine Abhängigkeit bei Deinen Einnahmen von einem Arbeitgeber zu verringern. Schaffe Dir ein zweites finanzielles Standbein!

20. **FinanzFitnessTipp Reichtum:** Geld an sich ist kein Ziel, da Geld alleine nicht glücklich macht. Finanzielle Freiheit ist ein Ziel, da diese das Erreichen von Lebenszielen ermöglicht.

21. **FinanzFitnessTipp Wohlstandsformel:** Schreibe Dir die Wohlstandsformel auf einen Zettel und klebe diesen an den Spiegel im Bad oder an die Wohnungstür. So siehst Du die Formel jeden Tag und kannst immer wieder überprüfen, welche Möglichkeiten Du hast, wohlhabender und unabhängiger zu werden.

22. **FinanzFitnessTipp Vermögenserhalt:** Ein langfristiger Vermögenserhalt gelingt nur durch das Investieren in verschiedene Vermögensanlageklassen. Setze niemals alles auf eine Karte und teile Dein Vermögen auf in Liquidität, Liquiditätsreserve, Sparguthaben, Aktien, Immobilien, festverzinsliche Wertpapiere und Edelmetalle.

23. **FinanzFitnessTipp Geld- und Zeitvermögen:** Nutze die Magie von Geld und Zeit! Wenn Du möglichst jung und regelmäßig sparst, kannst Du am meisten von dem Zinseszinseffekt profitieren. Je später im Leben Du beginnst, ein finanzielles Ziel zu erreichen, desto teurer wird es.

24. **FinanzFitnessTipp FinanzFitnessCheck:** Wende auf jeden Fall den FinanzFitnessCheck an und fülle alle Tabellen mit Deiner persönlichen Situation aus. Analysiere anhand der im Buch beschriebenen Kennzahlen Deine Situation und plane Deine finanzielle Zukunft. Gehe weg von dem Reagieren hin zu dem Agieren und plane Deinen finanziellen Erfolg! Warte nicht! Tue es jetzt!

25. **FinanzFitnessTipp gesetzliche Altersvorsorge:** Nutze das kostenlose Beratungsangebot der Beratungsstellen der Deutschen Rentenversicherung. Prüfe die Richtigkeit der vorliegenden Daten und mögliche Erhöhungen der gesetzlichen Rente durch die neuen Möglichkeiten der sogenannten Flexi-Rente.

26. **FinanzFitnessTipp betriebliche Altersvorsorge:** Prüfe die Möglichkeit des Abschlusses einer betrieblichen Altersvorsorge bei Deinem Arbeitgeber. Wenn Du schon eine betriebliche Altersvorsorge abgeschlossen hast, kann eine Überprüfung durch einen unabhängigen Rentenberater Sinn machen.

27. **FinanzFitnessTipp private Altersvorsorge:** Nutze die Möglichkeiten einer zusätzlichen privaten Altersvorsorge und ergänze damit die gesetzliche Rentenversicherung und die betriebliche Altersvorsorge.

NACHWORT

In diesem Buch habe ich einen **Glaubenssatz** mit Sicherheit nicht beachtet: **„Über Geld spricht man nicht"**. Egal wie Du zu diesem Glaubenssatz selbst stehst, ist festzuhalten, dass über Geld nicht zu sprechen sowohl Vorteile als auch Nachteile hat. Ein Vorteil ist sicher, dass Geld nicht zum Maß für Zufriedenheit oder Glück herangenommen werden kann. Wie bereits vorher erwähnt, hat das Eine mit dem Anderen nichts zu tun.

Auf der Seite der Nachteile müsste meiner Meinung nach vermerkt sein, dass es anders nicht möglich ist, sich über Erfolge und Misserfolge im Umgang mit Geld auszutauschen. Das gelingt nur, wenn wir über Geld reden. Jeder Mensch wird für sich entscheiden, ob und mit wem er oder sie über dieses Thema spricht. Mehr Offenheit würde dazu beitragen, aus einem Tabuthema ein ganz normales Thema zu machen. Dazu soll auch dieses Buch beitragen.

Ein weiteres wichtiges Ziel dieses Buches ist es, Mut zu machen! Mut, Ziele zu formulieren und alles in die Wege zu leiten, um diese zu erreichen. Bei dem Thema Finanzen kann jeder mit kleinen Verhaltensänderungen und dem Verfolgen einer anderen Denkweise schnell Fortschritte erzielen. Diese können dazu ermutigen, das nächste größere Ziel zu focussieren. So kann jeder finanziell freier und wohlhabender werden.

Ich freue mich sehr, wenn es mir gelungen ist, Dich in Deinen persönlichen Finanzdingen ein Stück Deines Weges zum finanziellen Erfolg zu begleiten und ich Dir eine ganz neue Art von Überblick und Struktur in Gelddingen verschaffen konnte. Durch das Lesen dieses Buches bist Du nun „offiziell" FinanzFit geworden. Herzlichen Glückwunsch!

Aktuelle Informationen rund um das Thema Finanzen, aktuell anstehende Trainings, Vorträge, Coachings und Beratungsmöglichkeiten - persönlich und online - findest Du auf meiner Webseite www.die-geld-schule.de. Ich bin jederzeit per E-Mail unter freiheit@die-geld-schule.de zu erreichen und freue mich darauf, von Dir zu hören.

Ganz nach dem Motto „Der Weg ist das Ziel" wünsche ich Dir nun viel Erfolg bei dem Erreichen Deiner Lebens- und Finanzziele.

**Verschwende Dein Leben nicht damit,
Dich zu unterschätzen!**

Herzliche Grüße

Stefan Serret

DANKSAGUNG

In ein solches Fachbuch fließen neben Fachwissen und praktischer Erfahrung auch sehr viel Feedback und Meinungen anderer Menschen ein. Dieses Feedback habe ich mir während des Entstehens dieses Buches aktiv eingeholt bzw. es wurde mir einfach so geschenkt.

Bedanken möchte ich mich bei meinem engsten „Beraterkreis" - meiner Familie. Viele Ideen und Ansichten wurden dort besprochen und finden sich in diesem Buch wieder. Ganz besonders wichtig waren die Meinungen, die meiner eigenen Meinung widersprachen. Daraus entwickelten sich mit meiner Frau Martine und mit meinen Söhnen Manuel und Rafael tolle Gespräche.

Meinen Eltern danke ich für die Anmerkungen und Korrekturvorschläge, die sie eingebracht haben. Mein Dank geht ebenfalls an meinen Neffen Sean-Pablo, der die handgemalten Illustrationen erstellt hat.

Weiterhin haben viele Freunde und Bekannte zehn von mir formulierte Fragen zu dem Thema Wohlstand und Vermögensaufbau beantwortet. Eine wichtige Erkenntnis aus dieser Befragung: Unterschiedliche Auffassungen zwischen Paaren waren eher die Regel als die Ausnahme. Die Antworten auf die Frage über die Bedeutung von Reichtum und Wohlstand in Verbindung mit den daraus abgeleiteten finanziellen Zielen waren immer erkenntnisreich. Wir haben gestaunt und gelacht. Vielen Dank dafür.

Ein herzliches Dankeschön richte ich ebenfalls an Dr. Klaus Schrüfer, der das Manuskript dieses Buches intensiv gelesen hat. Seine Korrekturen und Vorschläge zur inhaltlichen Ergänzung waren für mich sehr wertvoll.

Mein Dank richtet sich zu guter Letzt an meine Kunden, Zuhörer und Seminarteilnehmer, die ihre ganz persönliche Geschichten und ihre Erfahrungen in Geldangelegenheiten mit mir teilen. Durch ihre Offenheit und Bereitschaft zur Veränderung sind sie auf dem Weg zum finanziellen Erfolg gut unterwegs.

ÜBER DEN AUTOR

Als ausgebildeter Bankkaufmann, Bankfachwirt und „Certified EFFAS Financial Analyst" habe ich mehr als 20 Jahre in nationalen und internationalen Banken im Bereich der Vermögensanlage und -verwaltung für private Kunden verantwortlich gearbeitet. Viele Jahre war ich in einer international agierenden Bank bundesweit für die Investmentstrategie, die Vermögensverwaltung und die Beratung der vermögenden Privatkunden zuständig. Über die Jahre habe ich mein Wissen immer mit viel Freude weitergegeben - unter anderem als Ausbilder von Auszubildenden und als Dozent der Frankfurt School of Finance and Management. Danach habe ich im Immobilienbereich gearbeitet und Die GeldSchule. (www.die-geld-schule.de) gegründet, die sich der Optimierung des Umgangs mit Geld und dem systematischen Vermögensaufbau widmet. Hier biete ich unter anderem Seminare, Vorträge und ortsunabhängiges Online-FinanzFitnessCoaching an. Alle Dienstleistungen werden auf Deutsch, Englisch, Spanisch oder Französisch angeboten.

RECHTLICHE HINWEISE

Die Umsetzung der in diesem Buch enthaltenen Informationen und Empfehlungen erfolgt ausdrücklich auf eigenes Risiko. Der Verlag und auch der Autor übernehmen bei der Umsetzung von in diesem Buch beschriebenen oder erwähnten Strategien, Anlagekategorien oder Produkten keine Haftung. Alle erwähnten Namen, Warenzeichen, Produkte, Aktien oder Indices dienen lediglich der beispielhaften Darstellung und stellen keine Empfehlung dar. Haftungsansprüche gegen den Verlag und den Autor für Schäden materieller oder ideeller Art, die durch die Nutzung oder Nichtnutzung der Informationen bzw. durch die Nutzung fehlerhafter und/oder unvollständiger Informationen verursacht wurden, sind grundsätzlich ausgeschlossen. Rechts- und Schadenersatzansprüche sind daher ausgeschlossen. Das Werk inklusive aller Inhalte sowie das Rechentool FinanzFitnessCheck wurden mit größter Sorgfalt erarbeitet. Der Verlag und der Autor übernehmen jedoch keine Gewähr für die Aktualität, Korrektheit, Vollständigkeit und Qualität der bereitgestellten Informationen oder Rechentools. Druckfehler und Falschinformationen können nicht vollständig ausgeschlossen werden. Es kann keine juristische Verantwortung sowie Haftung in irgendeiner Form für fehlerhafte Angaben und daraus entstandenen Folgen vom Verlag bzw. Autor übernommen werden. Für die Inhalte von den in diesem Buch erwähnten Internetseiten sind ausschließlich die Betreiber der jeweiligen Internetseiten verantwortlich. Der Verlag und der Autor haben keinen Einfluss auf Gestaltung und Inhalte fremder Internetseiten. Verlag und Autor distanzieren sich daher von allen fremden Inhalten.